Los libros de Enoc

Los libros
de
Enoc

EDICIONES OBELISCO

Si este libro le ha interesado y desea que le mantengamos informado de nuestras publicaciones, escríbanos indicándonos qué temas son de su interés (Astrología, Autoayuda, Psicología, Artes Marciales, Naturismo, Espiritualidad, Tradición…) y gustosamente le complaceremos.

Puede consultar nuestro catálogo en www.edicionesobelisco.com

Colección Biblioteca Esotérica
Los libros de Enoc

1.ª edición: abril de 2026

Traducción: *Juli Peradejordi*
Diseño de cubierta: *Jessica Calderas*

© 2026, Ediciones Obelisco, S. L.
(Reservados los derechos para la presente edición)

Edita: Ediciones Obelisco, S. L.
Collita, 23-25. Pol. Ind. Molí de la Bastida
08191 Rubí - Barcelona - España
Tel. 93 309 85 25
E-mail: info@edicionesobelisco.com

ISBN: 978-84-1172-369-5
DL B 22121-2025

Impreso en los talleres gráficos de Romanyà/Valls S. A.
Verdaguer, 1 - 08786 Capellades - Barcelona

Printed in Spain

Prefacio

«Y, tras un tiempo, mi hijo Matusalén tomó para su hijo Lamech una mujer, y ella concibió de él y dio a luz un hijo. Y su
carne era blanca como la nieve y roja como la flor de la rosa; y
los pelos de su cabeza y su cabellera eran blancos como la lana;
y sus ojos eran hermosos, y cuando él abrió los ojos iluminó
toda la casa como el Sol, y toda la casa estuvo muy brillante. Y
entonces él se levantó de las manos de la partera, abrió la boca
y habló al Señor de la justicia. Y su padre Lamech fue presa de
terror ante él y huyó y fue ante su padre Matusalén. Y le dijo:
"Yo, he puesto en el mundo un hijo, diferente [*a los otros*]; no
es como los hombres, sino que parece un hijo de los ángeles
del Cielo; su naturaleza es diferente y no es como nosotros; sus
ojos son como los rayos del Sol; su rostro es espléndido. Y me
parece que no es mío sino de los ángeles, y temo que se cumpla
un prodigio sobre la Tierra durante sus días. Y ahora te suplico,
oh padre mío, y te pido que vayas al lado de Enoc, nuestro padre, y que conozcas por él la verdad, porque su residencia está
con los ángeles"».

Esta cita extraída del «Fragmento Noajico» de *El Libro de
Enoc*, que nos remite al recuerdo ancestral de cruces delibera-
dos y posiblemente experimentales del ser humano con otras

razas cósmicas —en cuyo contexto cabe situar a personajes tan cruciales para la marcha de la humanidad como pueden ser Jesús (para cuya cristalización se precisaron dos generaciones de crisoles biológicos, como fueron su madre María y la de ésta, Ana), Buda, que a su vez cristalizó en la María asiática, Maya, Quetzalcóatl (identificado con Gucumatz y Kukulkán), y tantos otros, hasta el lejano pero idéntico Iso Kalakal, conquistador de la única ciudad del Pacífico, cuyas ruinas (construidas sobre más de 90 islotes artificiales) nos han sido legadas hasta nuestros días; engendrado, al igual que Buda y que Jesús, sin contacto carnal de su madre con hombre humano alguno; y que al igual que el hijo aquí mencionado de la mujer de Lamech era de raza diferente a la humana normal y presentaba unos ojos de luminosidad excepcionalmente activa—, es solamente una breve muestra de las muchas indicaciones que el *Libro de Enoc* contiene, tendentes a perpetuar en nuestra conciencia histórica nuestra dependencia de otras razas u otras inteligencias cósmicas. De ahí el enorme interés que estos textos fragmentados tienen para todo lector que se plantee seriamente la pregunta sobre su propia esencia. Porque todo parece indicar que somos el resultado del nuevo intento de modelación de un ser humano que combine la suficiente inteligencia con el mínimo de estupidez exigido por nuestros creadores para no acercarnos excesivamente a su propio conocimiento —tal y como nos explican con claridad meridiana tanto el Corán como el *Popol Vuh* de los quichés—, después de que un puñado de facciosos hijos de los Cielos —doscientos exactamente, de acuerdo con la narración enoquiana— se aliaran en juramento para descender sobre el monte Hermón, gozar de los encantos de las hijas de los hombres y provocar con ello el engendramiento de una raza cruzada, los gigantes,[1] que motivarían por ende la destrucción de lo creado por la acción del elemento agua.

Los textos que conocemos bajo la denominación de «Libro de Enoc» forman en realidad una recopilación de siete libros o partes que probablemente procedan de diferentes períodos y posiblemente autores, tal y como opinan Lawrence y Murray. El arzobispo Lawrence fue quien efectuaría en 1821 la traducción al inglés (*The Book of Enoc*, Oxford, 1821) de varios fragmentos etíopes recuperados por Bruce en el siglo XVIII durante un viaje a Abisinia. Esta versión etíope, al incluir varios pasajes que no aparecen en la versión griega, parece ser más antigua que ésta y, naturalmente, que la posterior versión latina. El texto hebreo, presumiblemente el original, se ha perdido. La traducción efectuada por Lawrence quedó definitivamente completada en 1856 con la aparición del *Diccionario de los Apócrifos*, que permitió ya una visión íntegra de *El Libro de Enoc*.

La primera parte es una introducción que contiene los capítulos I al V; la segunda relata la caída de los ángeles y la asunción de Enoc, del capítulo VI al XXXVI; la tercera forma el llamado «Libro de las Parábolas», del XXXVII al LXXI; la cuarta el «Libro del cambio de las luminarias del Cielo», del LXXII al LXXXII; la quinta el «Libro de los sueños», del LXXXIII al XC; la sexta el «Libro de la exhortación y de la maldición», del

---

1. Respecto a los gigantes véase también otro interesante apócrifo: Faber-Kaiser, A.: *La caverna de los tesoros*. Ediciones Obelisco, Barcelona, 1984.

XCI al CV; y la séptima un apéndice que comprende los capítulos CVI al CVIII.

Entre los muchos aspectos que cabría subrayar del texto de *El Libro de Enoc*, quiero insistir aquí en la constante «siete» sobre la que está construido. Y en especial en las siete razas humanas, el fin de cada una de las cuales está relacionado con un cataclismo. Porque en un mundo distante al originario geográficamente hablando de *El Libro de Enoc*, se conoce y transmite desde antiguo el mismo conocimiento. Así, de acuerdo con la tradición de los indios hopi, que viven actualmente en una reserva en el estado norteamericano de Arizona, la historia de la humanidad está dividida en períodos que ellos llaman «mundos», los cuales están separados entre sí por terribles catástrofes naturales. El primer mundo sucumbió por el fuego, el segundo por el hielo y el tercero por el agua. Actualmente vivimos en el cuarto mundo. Y, en total, la humanidad deberá recorrer siete —que es lo que nos está diciendo *El Libro de Enoc*, cuya última raza fue destruida por el agua, al igual que lo testimonia el recuerdo ancestral de los hopi.

No siendo comprobables históricamente los dos primeros mundos, la memoria tribal de éstos se remonta a la época del tercero, cuyo nombre era Kasskara, siendo éste en realidad el nombre de un inmenso continente situado en el emplazamiento actual del océano Pacífico. Al comenzar a desaparecer sus tierras bajo el poder inundador del agua, los habitantes elegidos de este continente fueron ayudados por unos seres —los katchinas— que dominaban el secreto del vuelo, para ir en busca de nuevas tierras situadas en lo que hoy conocemos por el continente americano. Después de esto, y mientras los ancestros de los hopi se expandían por tierras americanas, se recuerda un símil de lo que fue la búsqueda bíblica de la Nueva Tierra por parte de Noé, en las tradiciones del origen de la isla micronesia de Pohnpei –a la que antes aludí al hablar de Iso Kalakal–, cuya historia desarrollo ampliamente en mi libro, tanto sobre la propia isla como sobre el secreto de Nan Matol. La intervención de seres celestes en la historia antigua de la humanidad se manifiesta también en los textos que siguen referentes al personaje clave de Enoc.

En lo que a la importancia simbólica del número siete se refiere, habría que releer la historia de la procesión que Josué hizo desfilar siete veces alrededor de la ciudad de la Luna, Jericó, cuyas murallas se derrumbaron antes de la octava vuelta. Idéntico tema se repite en los cisnes que dan siete vueltas alrededor de Delos, naciendo entonces Apolo, antes de que éstos cantaran por octava vez. En los códices mexicanos, siete fueron las cuevas de las cuales partieron las siete tribus de Aztlán. Por tierras brasileñas corre la leyenda de las siete ciudades originales. Las sagas escandinavas hablan de las siete islas vírgenes, las siete islas de la felicidad, las siete islas del Sol. Churchward habla de las siete ciudades sagradas de la madre patria. Y madame Blavatsky insiste en su *Doctrina secreta* en las básicas siete razas humanas.

Es en este contexto, en el de la ramificación planetaria de conceptos transmitidos desde la raza inmediatamente anterior a la nuestra, que cabe situar y leer los textos reunidos en esta edición de *El Libro de Enoc*, impregnado hasta la saciedad de las universales amenazas, castigos y terrores con que la inteligencia feudal cósmica nos mantiene a raya. Cuando hayamos recorrido hasta su foco originario el hilo de estos terrores, comenzará para nosotros el renacimiento de una raza humana integrada por individuos esencialmente libres. Tal es la meta de la auténtica búsqueda.

Andreas Faber-Kaiser
Barcelona, octubre 1984

Introducción

Parábola de Enoc sobre el destino futuro de los impíos y los justos

(Caps. I-V)

✠ ✠ ✠ ✠

Capítulo I
Predicción del Juicio Final

Palabra de bendición de Enoc, con la cual bendijo a los elegidos y a los justos, que vivirán en el día de la aflicción, cuando sean eliminados todos los malos y los impíos.

Enoc tomó pues la palabra y dijo –él, el hombre justo cuyos ojos han sido abiertos por el Señor, y que ha visto la visión del Santo que está en los Cielos, que me han enseñado los ángeles–: «He aprendido todo de ellos, y he comprendido, yo, lo que veía; y no es para esta generación, sino para aquella que viene lejana.

»Es a propósito de los elegidos por lo que yo hablo y a causa de ellos por lo que pronuncio una parábola: Él saldrá de su mansión, el Santo y el Grande.

»El Dios del mundo irá desde allí sobre el monte Sinaí, y aparecerá en medio de su ejército; y en la fuerza de su poder aparecerá desde lo alto de los Cielos.

»Y todos se atemorizarán, y los Vigilantes temblarán; el temor y un gran temblor les alcanzarán hasta los confines de la Tierra.

»Las altas montañas se derrumbarán y las colinas caerán y se fundirán como la cera ante la llama.

»Y la Tierra se escindirá, y todo lo que está sobre ella perecerá, y entonces tendrá lugar un juicio sobre todas las cosas.

»[*El Señor*] dará la paz a los justos, y guardará a los elegidos; sobre ellos reposará la clemencia; todos ellos serán de Dios, y serán dichosos, y serán benditos, y para ellos brillará la luz de Dios.

»Y he aquí, Él viene, con gran número de santos para ejercer sobre ellos el juicio, y aniquilará a los impíos, y castigará a todo lo que es carne, por todo lo que han hecho y cometido contra Él los pecadores y los impíos».

Capítulo II
El orden de la Creación

Considerad todas las obras en el Cielo; cómo las luminarias de los Cielos no se apartan de su ruta; cómo todas nacen y se colocan, ordenadas cada una según su tiempo, y no transgreden su orden.

Mirad la Tierra y examinad la obra que se cumple en ella, desde el principio hasta el fin; cómo ninguna obra de Dios cambia en su manifestación.

Ved el verano y el invierno; cómo la Tierra entera está llena de agua, y las nubes y el rocío y la lluvia reposan en ella.

Capítulo III
Las diversas clases de árboles

Considerad y ved cómo aparecen todos los árboles; cómo se seca y cae todo su follaje; salvo catorce que no se despojan, sino que esperan con sus hojas viejas hasta que vengan las nuevas, al cabo de dos o tres inviernos.

Capítulo IV
El calor

Y considerad aún los días de verano, cómo en su primera parte [*de verano*] el sol está encima [*de la tierra*]; y entonces buscáis la sombra y la umbría a causa del ardor del sol; pero la tierra también está ardiente a causa de la intensidad del calor, de manera que no podéis andar ni sobre la tierra, ni sobre la roca, a causa del calor.

Capítulo V
El desorden y el castigo de los pecadores

Considerad cómo los árboles se cubren del verdor de las hojas y tienen frutos, comprended bien todo y sabed que el que vive eternamente ha hecho todas estas cosas para vosotros.

Y cómo Su obra continúa estando en cada año que ha de llegar; y todas Sus obras le obedecen y no varían, sino que todo pasa como Dios lo ha establecido.

Y ved cómo los mares y los ríos cumplen el concierto de su obra. Sin embargo, vosotros no habéis perseverado; no habéis ejecutado el precepto del Señor, sino que lo habéis transgredido, y habéis ultrajado Su grandeza con palabras altaneras e hirientes de vuestra boca impura; secos de corazón, no habrá paz para vosotros.

Por ello es por lo que vosotros maldeciréis vuestros días y los años de vuestra vida perecerán; pero [*los años de vuestra perdición*] se multiplicarán en una eterna maldición; y no habrá misericordia para vosotros.

En estos días libraréis vuestro nombre a la eterna execración de todos los justos; y os maldecirán eternamente a vosotros los pecadores, a vosotros junto con los [*otros*] pecadores.

Y para los elegidos habrá luz y alegría y paz, y heredarán la Tierra; pero para vosotros, impíos, habrá maldición.

Y entonces la sabiduría será dada a los elegidos; y vivirán todos, y no pecarán más ni por olvido, ni por orgullo; antes bien, los sabios serán humildes.

No pecarán más, ni serán castigados todos los días de su vida y no morirán por un castigo o por la cólera [*divina*]; sino que cumplirán con la totalidad de los días de su vida, y su vida avanzará en paz y los años de su alegría se multiplicarán en un contento y en una paz eternas, todos los días de su vida.

Caída de los ángeles y asunción de Enoc

(Caps. VI-XXXVI)

✝ ✝ ✝ ✝

Capítulo VI
Unión de los ángeles con las hijas de los hombres

Entonces sucedió que los hijos de los hombres se hubieron multiplicado, y les nacieron en esos días hijas hermosas y bonitas.

Y los ángeles, hijos de los Cielos, las vieron, y las desearon, y se dijeron entre ellos: «Vamos, escojamos mujeres entre los hijos de los hombres y engendremos hijos».

Entonces, Semyaza, su jefe, les dijo: «Temo que quizá no estéis [*realmente*] de acuerdo en cumplir esta obra, y que sea sólo yo quien tenga que pagar el castigo por tal gran pecado».

Pero todos le respondieron: «Hagamos todos un juramento y prometámonos con un anatema no cambiar de destino, sino ejecutarlo realmente».

Entonces todos juntos juraron y se comprometieron acerca de eso, los unos hacia los otros, con un anatema.

Así pues, todos ellos eran doscientos, y descendieron sobre Ardis, la cima del monte Hermón; y lo llamaron monte Hermón porque es sobre él donde habían jurado y se habían comprometido los unos con los otros con un anatema.

Y he aquí los nombres de sus jefes: Semyaza, su príncipe. Arakib, Aramiel, Kokabiel, Tamiel, Ramiel, Daniel, Ezequiel, Baraqiel, Azazel, Armaros, Batariel, Ananiel, Zaqiel, Samsiel, Satariel, Turiel, Yomiel y Arazeyal.

Ésos son sus jefes de decena.

Capítulo VII
Nacimiento y fechorías de los gigantes

Éstos, y todos los otros con ellos, tomaron mujeres, cada uno escogió una, y comenzaron a ir hacia ellas y a tener comercio con ellas y les enseñaron los encantos y los encantamientos, y les enseñaron el arte de cortar las raíces y [*la ciencia*] de los árboles.

Así, pues, éstas concibieron y pusieron en el mundo grandes gigantes cuya altura era de tres mil codos.

Ellos devoraron todo el fruto del trabajo de los hombres, hasta que éstos no pudieron alimentarlos más.

Entonces los gigantes se volvieron contra los hombres para devorarlos.

Y empezaron a pecar contra los pájaros y contra las bestias, los reptiles y los peces; después ellos se devoraron la carne entre sí, y se bebieron la sangre.

Entonces la Tierra acusó a los violentos.

Capítulo VIII
Lo que los ángeles malos han enseñado a los hombres

Y Azazel enseñó a los hombres a fabricar las espadas y los machetes, el escudo y la coraza del pecho, y él les mostró los metales y el arte de trabajarlos, y los brazaletes y los aderezos y el arte de pintarse los ojos con antimonio y de embellecerse los párpados, y las más bellas y más preciosas piedras y todos los tintes de color.

Y la impiedad fue grande y general, y ellos fornicaron y se desviaron, y todas sus voces se corrompieron.

Semyaza instruyó a los encantadores y a los cortadores de raíces; Armaros [*enseñó*] a romper los hechizos, Baraqiel [*instruyó a*] los astrólogos, Kokabiel, [*enseñó*] los presagios, Tamiel [*el significado*] del aspecto de las estrellas, y Asdariel enseñó el curso de la Luna.

Y en [*su*] aniquilación los hombres gritaron, y su clamor subió al Cielo.

Capítulo IX
Intervención de los ángeles buenos

Entonces Miguel, Uriel, Rafael y Gabriel miraron desde lo alto del Cielo, y vieron la sangre esparcida en abundancia sobre la Tierra y toda la injusticia cometida sobre la Tierra.

Y se dijeron, el uno al otro: «Ésta es la voz del grito que la Tierra desolada eleva hasta las puertas del Cielo.

»Ahora, es a vosotros, santos del Cielo, a quienes se lamentan las almas de los hombres; ellos dicen: "Llevad vuestra causa ante el Más Alto"».

Y ellos [*los santos del Cielo*] dijeron al Señor de los reyes: «Tú eres el Señor de los señores, el Dios de los dioses y el Rey de los reyes y el trono de Tu gloria permanece a través de todas las generaciones del mundo, y Tu nombre es santo y bendito y glorioso por toda la eternidad.

»Eres Tú quien todo lo ha hecho, y en Ti reside el poder sobre todas las cosas, todo es descubierto, y en toda su desnudez ante Ti; todo lo ves, y no hay nada que pueda escondérsete.

»Tú has visto lo que ha hecho Azazel, cómo ha enseñado toda la injusticia sobre la Tierra y ha desvelado los secretos eternos que se cumplen en los Cielos;

»Y cómo Semyaza, al que Tú habías dado el poder de dominar sobre sus compañeros, ha instruido a los hombres.

»Y ellos se han acercado a las hijas de los hombres sobre la Tierra, y se han acostado con ellas y se han mancillado con ellas, y les han descubierto todo pecado.

»Luego, estas mujeres han puesto en el mundo gigantes, por lo que la Tierra entera se ha llenado de injusticia.

»Y ahora he aquí que las almas de los que están muertos gritan y se lamentan hasta las puertas del Cielo; y su gemido se ha elevado y no puede salir ante la injusticia que se comete en la Tierra.

»Pero Tú, Tú conoces todas las cosas antes de que éstas sean, y Tú, Tú lo sabes, y Tú los toleras [*a los gigantes*] y Tú no nos dices lo que debemos hacerles por ello».

Capítulo X
Dios ordena el Diluvio y el castigo de los ángeles malos por el fuego eterno.
Él predice la felicidad de los justos

Entonces el Más Alto, el Grande y el Santo habló, y envió a Sariel al hijo de Lamech, diciéndole:

«[*Ve a Noé*] y háblale en mi nombre; escóndete, y revélale la consumación que viene, pues la Tierra entera va a perecer; un agua de diluvio va a venir sobre toda la Tierra y el que se encuentre sobre ella perecerá.

»Y ahora instrúyele, a fin de que él escape y que su posteridad permanezca por todas las generaciones».

El Señor dijo aún a Rafael: «Encadena a Azazel, de pies y manos, y arrójalo a las tinieblas; y abre el desierto que está en Dudael, y lánzalo allí.

»Lanza sobre él piedras ásperas y cortantes, cúbrelo de tinieblas, y que quede allí eternamente; cubre también su faz para que él no vea la luz.

»Y el día del Juicio, que sea lanzado al brasero.

»Después, sana la Tierra que los ángeles han corrompido; y anuncia la curación de la Tierra, a fin de que ellos sanen [*su*] llaga, y que todos los hijos de los hombres no sean perdidos por todo el misterio que los Vigilantes han aprendido y enseñado a sus hijos.

»Toda la Tierra ha sido corrompida por la ciencia de la obra de Azazel; impútale, pues, todo pecado».

Y el Señor dijo a Gabriel: «Ve hacia los bastardos y réprobos y hacia los hijos de las cortesanas, y haz desaparecer [*a los hijos de las cortesanas*] y a los hijos de los Vigilantes de entre los hombres, cázalos [*y haz que se enfrenten unos a otros*]; ellos se destruirán mutuamente en batalla, pues no habrá para ellos muchos más días.

»Y todo lo que ellos [*sus padres*] te pidan a favor de sus hijos no será concedido, porque ellos [*los hijos*] esperan vivir una vida eterna y que cada uno de ellos viva quinientos años».

Y a Miguel el Señor le dijo: «Ve, encadena a Semyaza y a sus compañeros que se han unido a las mujeres para mancharse con ellas en toda su impureza.

»Y cuando todos sus hijos hayan sido degollados, y cuando ellos mismos hayan visto la destrucción de sus bienamados, encadénalos por setenta generaciones bajo las colinas de la Tierra hasta el día de su juicio y de su consumación, hasta que sea consumado el Juicio Eterno.

»En estos días se les conducirá al abismo del fuego, en los tormentos, y serán para siempre encerrados en la prisión.

»Y si alguno es condenado y perece, él será en adelante encadenado con ellos hasta la consumación de todas las generaciones.

»Destruye todas las almas voluptuosas y los hijos de los Vigilantes, pues ellos han oprimido a los hombres.

»Haz desaparecer toda opresión de la faz de la Tierra, que toda obra mala cese, que la planta de la justicia y de la verdad aparezca, y ella será bendita; obras de justicia y de verdad serán plantadas en la alegría para siempre.

»Entonces todos los justos escaparán y permanecerán vivos hasta que ellos hayan engendrado mil hijos y todos los días de su juventud y de su vejez se acabarán en la paz.

»Y en estos días, la Tierra entera será cultivada en la justicia y será enteramente plantada de árboles, y llena de bendición.

»Se plantarán sobre ella todos los árboles de adorno; se plantarán viñas, y la viña que será plantada dará vino a saciedad; y todo el grano sembrado sobre ella producirá mil medidas por una, y una medida de aceitunas diez lagares de aceite producirá.

»Purifica la Tierra de toda opresión, de toda violencia, de todo pecado, de toda impiedad y de toda impureza que tiene lugar en la Tierra; hazlos desaparecer de la Tierra.

»Que todos los hijos de los hombres se vuelvan justos, y que todos los pueblos Me veneren y Me bendigan; y todos Me adorarán.

»Y la Tierra estará pura de toda corrupción, de todo pecado, de todo castigo y de todo dolor; y Yo no enviaré más [*estas plagas*] sobre la Tierra hasta el fin de las generaciones y hasta la eternidad.

Capítulo XI
Bendiciones divinas

»Y en esos días abriré los tesoros de bendición que están en el Cielo, para hacerlos descender sobre la Tierra, sobre las obras y el trabajo de los hijos de los hombres.

»Y la paz y la verdad estarán unidas todos los días del mundo y en todas las generaciones del mundo».

Capítulo XII
Asunción y misión de Enoc cerca de los ángeles malos

Ante esos sucesos Enoc había sido ocultado; y no hay ningún hijo de los hombres que sepa dónde fue escondido y dónde está y lo que le haya sucedido.

Así, todas sus acciones [*se hacían*] en sus días con los Vigilantes y con los santos.

Así, pues, yo, Enoc, estaba ocupado en bendecir al gran Señor, el Rey del mundo, y he aquí que los Vigilantes me llamaron, a mí, Enoc el escriba, y me dijeron:

«Enoc, escriba de la justicia, vete; haz saber a los Vigilantes del Cielo que han abandonado el Cielo altísimo, el lugar santo, eterno, y que se han ensuciado con las mujeres y han hecho como hacen los hijos de los hombres, y han tomado mujeres, y se han corrompido con una gran corrupción sobre la Tierra.

»No habrá para ellos ni paz ni remisión del pecado.

»Y porque ellos gozan a propósito de sus hijos, verán la casa de sus bienamados, y llorarán sobre la pérdida de sus hijos y suplicarán eternamente, pero no habrá para ellos ni misericordia ni paz».

Capítulo XIII
Los ángeles caídos piden a Enoc
que interfiera por ellos

Entonces, Enoc fue y le dijo a Azazel: «No habrá paz para ti; contra ti ha sido pronunciado un gran juicio para encadenarte.

»No habrá para ti ni tregua ni intercesión, porque has enseñado la injusticia, y por todas las obras de blasfemia, de violencia y de pecado que tú has enseñado a los hombres».

Después, fui y les hablé a todos juntos, y todos temblaron, y fueron presa del temor y del espanto.

Y ellos me rogaron que redactara una súplica por ellos, para que pudieran hallar perdón, y que hiciera subir su súplica ante el Señor del Cielo.

Porque desde entonces ellos no pueden hablar [*a Dios*], y levantar los ojos hacia el Cielo, a causa de la vergüenza por el crimen por el cual han sido condenados.

Entonces escribí su oración y una súplica por su alma, y por cada una de sus obras, y por lo que ellos pedían, para que les fuera acordado perdón y tregua.

Después, habiéndome alejado, me senté cerca de las aguas de Dan, en [*el territorio*] Dan, que está al sur del oeste del monte Hermón; y leí la fórmula de su oración hasta que me quedé dormido.

Así, pues, he aquí que tuve un sueño, y que vinieron a mí visiones, y vi visiones de castigo, y vino una voz que me ordenaba hablar a los hijos del Cielo y reprenderles.

Y cuando me desperté, fui hacia ellos; todos juntos estaban sentados y llorando en Ublesyael, que se encuentra entre el Líbano y Senaser, con el rostro cubierto.

Y conté, en su presencia, todas las visiones que había visto durante mi sueño, y me puse a decir estas palabras de justicia y a reprender a los Vigilantes del Cielo.

Capítulo XIV
Misión de Enoc: el castigo de los ángeles malos.
La mansión y el trono de Dios

Este libro es la palabra de la justicia y de la corrección de los Vigilantes que existen desde la eternidad, según lo que ha ordenado el Santo, el Grande, en esa visión.

He visto yo mismo, en mi sueño, lo que ahora digo, yo, con una lengua de carne y con mi aliento, que el Grande ha dado a la boca de los hombres para que por Él hablen entre ellos y [se] comprendan en su corazón.

Lo mismo que Dios ha creado al hombre y le ha otorgado el que comprenda la palabra del entendimiento, así Él me ha creado a mí también y me ha otorgado el poder de reprender a los Vigilantes, hijos del Cielo.

He escrito vuestra oración; pero en mi visión me fue enseñado que vuestra oración no será atendida. Así pues, no subiréis más al Cielo en toda la eternidad: ha sido ordenado encadenaros sobre la Tierra por todos los días del mundo.

Pero antes habréis visto la muerte de vuestros hijos bienamados y no los poseeréis, sino que caerán ante vosotros por la espada.

Y vuestra súplica no será [*atendida*], ni la pedida por ellos ni por vosotros, aunque lloréis y supliquéis, y pronunciéis palabra por palabra el escrito que yo he redactado.

Así pues, la visión me apareció del siguiente modo: he aquí que unas nubes me llamaron en la visión, una neblina me llamó; y el curso de las estrellas y de los rayos me hicieron apresurarme; y los vientos, en la visión, me hicieron volar y me impulsaron; y me llevaron a lo alto y me hicieron entrar en los Cielos.

Entré, hasta que hube [*llegado*] cerca de un muro construido por piedras de granizo; lenguas de fuego lo rodeaban y ellas comenzaron a asustarme.

Entré en las lenguas de fuego y me acerqué a una gran casa, construida con piedras de granizo; los muros de esta casa eran como un mosaico de piedra de granizo, y su suelo era de granizo.

Su techo era como el camino de las estrellas y [*como*] rayos; en medio [*había*] querubines de fuego, y su cielo era de agua.

Un fuego ardiente rodeaba los muros, y su puerta [*de la casa*] llameaba en el fuego.

Entré en esta casa; era ardiente como el fuego y fría como la nieve; y no había en ella ninguna de las diversiones de la vida; el temor me consumió y el temblor me hizo su presa.

Emocionado y tembloroso, caí sobre mi rostro y tuve una visión.

Y he aquí: [*era*] otra casa, más grande que la primera, cuyas puertas estaban todas abiertas ante mí; estaba construida con lenguas de fuego, y en todo era tan excelente, en magnificencia, en esplendor y en grandeza, que no puedo decíroslo a causa de su magnificencia y de su grandeza.

Su suelo era de fuego y de rayos, y el curso de las estrellas [*formaban*] su parte superior, y su techo también era de fuego ardiente.

Y miré, y vi en esta casa un trono elevado cuyo aspecto era el del cristal, y cuyo contorno era como el brillante Sol, y una voz de querubines [*se hacía oír*].

Por encima del trono salían ríos de fuego ardiente, y no podía mirar[*los*].

La Gran Gloria tenía sede en el trono, y Su vestido era más brillante que el Sol y más blanco que toda la nieve. Ningún ángel podía entrar y ver la cara del Glorioso y del Magnífico, y ningún ser de carne podía mirarlo.

Un fuego ardiente le rodeaba y un gran fuego se levantaba ante Él; ninguno de los que le rodeaban se acercaba a Él, miríadas y miríadas [*de ángeles*] estaban de pie ante Él, pero Él no pedía consejo.

Y las santidades de los santos que estaban cerca de Él no se alejaban durante la noche y no se separaban de Él.

Y yo, hasta este momento, me había postrado sobre mi rostro tapado, temblando, y el Señor, por su propia boca, me llamó y me dijo: «Ven aquí, Enoc, y escucha mi palabra».

Y, habiéndose acercado a mí uno de los santos, me despertó, me hizo levantar y acercarme a la puerta; y yo miré con la cabeza baja.

Capítulo XV

Dios encarga a Enoc presentar a los malos ángeles la enormidad de su falta

Él me dirigió la palabra y me dijo, y yo oí Su voz: «No temas, Enoc, hombre justo, escriba de la justicia; acércate y escucha mi voz.

»Ve y di a los Vigilantes del Cielo, aquellos que te han mandado suplicar por ellos: "Vosotros sois los que deberíais interceder por los hombres y no los hombres por vosotros".

»¿Por qué habéis abandonado el Cielo, muy alto y santo, que es eterno, os habéis acostado con las mujeres, habéis obrado como los hijos de la Tierra y habéis engendrado, por hijos, gigantes?

»Vosotros, santos, espirituales, viviendo una vida eterna, vosotros os habéis ensuciado con la sangre de las mujeres, y habéis engendrado con la sangre de la carne; según la sangre de los hombres habéis deseado, y habéis hecho carne y sangre como hacen aquellos que mueren y perecen.

»Por eso es por lo que yo les he dado a ellos [*los hombres*] mujeres para que las fecunden, y que tengan hijos, y que no cese ninguna obra sobre la Tierra.

»En cuanto a vosotros, vosotros fuisteis primeramente espirituales, viviendo una vida eterna, inmortal, por todas las generaciones del mundo.

»Por esto es por lo que no os he atribuido mujeres, pues la mansión de los espíritus del Cielo está en el Cielo.

»Y ahora los gigantes que han nacido de los espíritus y de la carne serán llamados, sobre la Tierra, espíritus malos, y sobre la Tierra estará su morada.

»Los espíritus malos han salido de su carne [*de los gigantes*], porque ellos han sido hechos por los hombres, y de los santos vigilantes [*proviene*] su origen y su primer fundamento. Serán los espíritus malos sobre la Tierra; ellos serán llamados espíritus malos.

»Los espíritus del Cielo tienen su morada en el Cielo; y los espíritus de la Tierra, que han sido engendrados sobre la Tierra, tienen su morada en la Tierra.

»Y los espíritus de los gigantes, los nephilim, que oprimen, destruyen, causan irrupción, combaten, destruyen sobre la Tierra y hacen el duelo, no comen ningún alimento y no tienen sed, y no son reconocibles.

»Estos espíritus se elevarán contra los hijos de los hombres y contra las mujeres, pues ellos han salido de éstos mismos.

Capítulo XVI
Los Vigilantes serán castigados por haber comunicado a los hombres un secreto funesto

»Después de los días de muerte, de la destrucción y de la muerte de los gigantes –[*días*] en que los espíritus han salido de las almas de su carne–, que estén sin juicio los que pierdan; perderán así hasta el día en que se cumpla el Gran Juicio, en el cual el gran tiempo terminará, a causa de los Vigilantes y de los impíos.

»Y ahora, a los Vigilantes que te han enviado a suplicar por ellos, que en otro tiempo habitaban en el Cielo, [*diles*]: "Antes estabais en el Cielo, pero todos los secretos no os habían sido aún revelados; no habéis conocido más que un misterio fútil; en el endurecimiento de vuestro corazón lo habéis comunicado a las mujeres, y, por ese misterio, las mujeres y los hombres han multiplicado el mal sobre la Tierra".

»Diles, pues: "No hay perdón para vosotros"».

Capítulo XVII

Enoc es llevado a la mansión de la tempestad, de la luz, del trueno

Después me llevaron a un lugar cuyos habitantes son como un fuego ardiente, y que aparecen, cuando quieren, como hombres.

Y me condujeron a la residencia de la oscuridad y a una montaña cuya más alta cima tocaba el Cielo.

Y yo vi las mansiones de las luminarias y del trueno, en los extremos, en el abismo donde están el arco de fuego, las flechas y sus carcajes, la espada de fuego y todos los rayos.

Después me llevaron a las aguas de la vida, y al fuego del poniente; él es el que recoge todas las puestas del Sol.

Llegué hasta un río de fuego, en el que el fuego corre como agua y desemboca en el gran mar que está al lado del poniente.

Y vi los grandes ríos, y alcancé una gran oscuridad, y llegué allí donde ningún ser de carne camina.

Y vi las montañas de las tinieblas del invierno, y el lugar en que desembocan las aguas de todo el abismo.

Y vi la desembocadura de todos los ríos de la Tierra y la desembocadura del abismo.

Capítulo XVIII

Visión de los vientos, de las siete montañas de piedras preciosas, de un abismo de fuego de siete estrellas encadenadas a los confines del Cielo y de la Tierra

Vi los depósitos de los vientos, y vi que con ellos [*Dios*] ha adornado la creación; y vi los cimientos de la Tierra.

Y vi también la piedra angular de la Tierra, y vi los cuatro vientos que sostienen la Tierra y el firmamento del Cielo.

Vi cómo los vientos extienden [*como un velo*] la parte alta del Cielo, y [*cómo*] se mantienen entre el Cielo y la Tierra: éstos son las columnas del Cielo.

Vi los vientos que hacen dar vueltas al Cielo, que hacen ponerse al disco del Sol y a todas las estrellas.

Vi los vientos que, sobre la Tierra, sostienen las nubes; vi los caminos de los ángeles; vi, en los confines de la Tierra, el firmamento de los Cielos en lo alto.

Después continué, y vi un lugar que ardía día y noche, donde se encontraban siete montañas de piedras preciosas, tres del lado del este, y tres del lado del sur.

Así, pues, [*entre*] las que estaban en el este, una era de piedra multicolor, una de perlas, y la otra de piedra de curación; y las que estaban al sur eran de piedra roja. La de en medio se elevaba hasta el Cielo como el trono de Dios; era de alabastro y la parte alta del trono de zafiro.

Y vi un fuego ardiente y, también detrás de esas montañas.

[*Allí hay*] un lugar, más allá de la gran Tierra, donde se juntan los Cielos.

Después vi un remolino profundo, cerca de las columnas de fuego del Cielo, vi entre ellas columnas de fuego que descendían y cuya altura y profundidad eran inconmensurables.

Más allá de ese remolino, vi un lugar sobre el que no se extendía el firmamento de los Cielos, bajo el cual no había tampoco cimientos de la Tierra; sobre el que no había ni agua ni pájaros, sino que ese lugar era desierto y terrible.

Allí vi siete estrellas parecidas a grandes montañas, que ardían, y entonces pregunté por ellas.

Y el ángel me dijo: «Este lugar es el fin del Cielo y de la Tierra; es la prisión de las estrellas y de los poderes del Cielo.

»Las estrellas que ruedan sobre el fuego son las que han transgredido el mandamiento del Señor, desde su nacimiento, porque no han llegado a su tiempo.

»Y Él se irritó con ellas, y las ha encadenado hasta el tiempo de la consumación de su pecado, en el año del misterio».

Capítulo XIX
La suerte de los ángeles malos y de sus mujeres

Después, Uriel me dijo: «Aquí es donde estarán los ángeles que se han unido a las mujeres. Sus espíritus, tomando numerosas apariencias, han mancillado a los hombres y les harán errar para que sacrifiquen tanto a los demonios como a los dioses, hasta el día del Gran Juicio; día en que serán juzgados y condenados.

»En cuanto a sus mujeres, que han seducido a los ángeles, serán convertidas en sirenas».

Y yo, Enoc, sólo yo, he visto la visión, el fin de todo: y ningún hombre verá cuanto yo he visto.

Capítulo XX
Los nombres y funciones de los santos ángeles

He aquí los nombres de los santos ángeles que vigilan:

Uriel, uno de los santos ángeles, el del mundo y el del infierno;

Rafael, uno de los santos ángeles, el de las almas de los hombres;

Raguel, uno de los santos ángeles que se venga del mundo de las luminarias;

Miguel, uno de los santos ángeles, encargado de los mejores de entre los hombres, [*de la guardia*] del pueblo;

Sariel, uno de los santos ángeles, encargado de los espíritus de los hijos de los hombres que pecan contra los espíritus;

Gabriel, uno de los santos ángeles, encargados del Paraíso, de los dragones y de los querubines;

Remiel, uno de los santos ángeles, al que Dios ha encargado de los resucitados.

[*Hay*] siete nombres de Arcángeles.

Capítulo XXI
El pecado de las siete estrellas. El abismo de fuego, prisión de los ángeles malos

Y continué hasta allí en donde nada se hace, sino el caos.

Allí vi una cosa terrible; no vi ni el Cielo en lo alto, ni la Tierra sólida [*abajo*], sino un lugar informe y terrorífico.

Allí vi siete estrellas del Cielo, encadenadas juntas en ese lugar, parecidas a grandes montañas, y ardiendo como el fuego.

Entonces pregunté: «¿Por qué pecado han sido encadenadas, y por qué han sido lanzadas aquí?».

Uriel, uno de los santos ángeles que estaban conmigo y que me guiaba, me dijo entonces: «Enoc, ¿por qué preguntas y sobre qué interrogas y te inquietas?

»Estas estrellas son las que han transgredido la orden del Señor y ellas han sido encadenadas aquí hasta que se cumplan diez mil siglos, el tiempo determinado por sus pecados».

De allí pasé a otro lugar más terrorífico que éste y vi una cosa horrible; había allí un gran fuego ardiente, lanzando llamas; y ese lugar tenía una fisura que iba hasta el abismo lleno [*el mismo*] de grandes columnas de fuego que hacían descender [*allí*]; y no pude ver ni sus dimensiones ni su magnitud, y no pude fijarla.

Entonces me dije: «¡Cuán horrible y penoso de ver es este lugar!».

Y Uriel, uno de los santos ángeles que estaba conmigo, me dirigió la palabra y me dijo: «Enoc, ¿por qué sientes tal temor y espanto?». Y respondí: «Es a causa de este lugar horrible y del aspecto de este sufrimiento».

Él me dijo: «Este lugar es la prisión de los ángeles; es ahí donde serán detenidos hasta la eternidad».

Capítulo XXII
La mansión de las almas de los muertos antes del Juicio

De allí fui a otro lugar, y él me enseñó en el oeste una montaña grande y alta y de duras rocas. Había allí cuatro cavidades muy profundas, muy anchas y muy lisas; tres de entre ellas estaban oscuras y una luminosa; en medio se encontraba un manantial de agua; y yo dije: «¡Cuán lisas y profundas son esas cavidades y qué aspecto tan sombrío tienen!».

En ese momento, Rafael, uno de los santos ángeles, que estaba conmigo, respondió y me dijo: «Estas cavidades están [*hechas*] para que se reúnan ahí los espíritus de las almas de los muertos; para esto fueron creadas, para que sean reunidas ahí todas las almas de los hijos de los hombres.

»Y esos lugares se han hecho para hacerles residir hasta el día de su juicio y hasta el tiempo que les ha sido fijado; y ese largo tiempo [*durará*] hasta el Gran Juicio [*que será pronunciado sobre ellos*]».

Vi los espíritus de los hijos de los hombres que estaban muertos, su voz llegaba hasta el Cielo y se quejaba.

Entonces pregunté a Rafael, el ángel que estaba conmigo, y le dije: «¿De quién es este espíritu cuya voz llega así hasta el Cielo y se queja?».

Me respondió y me habló en estos términos: «Ese espíritu es el que salió de Abel, cuyo hermano Caín ha matado, y él le acusa hasta que su raza sea eliminada de la faz de la Tierra y que su raza desaparezca de la raza de los hombres».

En ese momento interrogué [*sobre él*] y sobre todas las [*otras*] cavidades: «¿Por qué están separadas una de la otra?». Y él me respondió, diciéndome: «Estas tres cavidades han sido hechas para separar los espíritus de los muertos. Ésta está preparada para las almas de los justos, allí donde se encuentra el manantial de agua de vida, de luz.

»Ésta ha sido creada [*para ser la*] de los pecadores cuando mueran y sean sepultados en la tierra, y contra los cuales no haya sido pronunciado un juicio durante su vida.

»Allí es donde sus almas han sido colocadas, aparte, para ese gran tormento, hasta el día del Gran Juicio, del castigo y de la tortura de los que maldicen hasta la eternidad, y [*hasta el día de*] la venganza que se ejercerá sobre sus almas. Es allí donde se les encadenará por la eternidad.

»Y de la misma forma se ha hecho una separación para las almas de los que se quejan, que revelan su destrucción, de cuando fueron muertos en los días de los pecadores.

»E igualmente otra ha sido hecha para las almas de los hombres, de todos los que no serán puros, sino pecadores, impíos, y [*que*] estarán de parte de los sin ley. Sus espíritus no serán castigados en el día del Gran Juicio y tampoco serán resucitados de aquí».

En ese momento bendije al Señor de la gloria y dije: «Bendito sea mi Señor, el Señor de la justicia, que reina por toda la eternidad».

Capítulo XXIII
El fuego que persigue a las luces del Cielo

De allí fui hacia el oeste, hasta los confines de la Tierra.

Y vi un fuego ardiente que corría sin descanso y sin interrumpir su carrera ni de día ni de noche, permaneciendo siempre el mismo.

Y pregunté diciendo: «¿Qué es este [*objeto*] que está sin reposo?».

Entonces Rafael, uno de los santos ángeles, que estaba conmigo, me respondió y me dijo: «Ese [*fuego*] cuya carrera hacia el oeste has visto es el fuego que persigue a todas las luminarias del Cielo».

Capítulo XXIV
Enoc ve siete montañas espléndidas y un árbol maravilloso

De allí pasé a otro lugar de la Tierra, y me enseñó una montaña de fuego que lanzaba llamas día y noche.

Fui en su dirección y vi siete montañas magníficas, diferentes una de otra, y de piedras preciosas y hermosas, y todas eran espléndidas, de una apariencia magnífica y de un aspecto admirable: tres por la parte del este, apoyadas una contra otra, y tres hacia el sur, una bajo la otra; y [*vi*] valles profundos y sinuosos; ninguno se juntaba con otro.

La séptima montaña estaba en medio de todas ellas; las sobrepasaba a todas como un trono, y árboles olorosos la rodeaban.

Entre ellos se encontraba un árbol cuyo perfume yo no había olido jamás, y no había perfume parecido entre éstos u otros árboles; exhala un olor mejor que cualquier perfume, y sus hojas, sus flores y su madera no se secan jamás, su fruto es hermoso y se parece a los racimos de la palmera.

Entonces dije: «Cuán hermoso es este árbol y cuán aromático, y su follaje es grácil, y su fruto tiene un aspecto muy agradable».

Entonces Miguel, uno de los ángeles santos y gloriosos que estaba conmigo, y que estaba encargado de esos [*árboles*], me respondió.

Capítulo XXV
Miguel explica a Enoc la visión de las siete montañas del árbol maravilloso

Y él me dijo: «Enoc, ¿por qué me preguntas por el perfume de ese árbol y por qué quieres saber [*la verdad*]?».

Entonces le respondí yo, Enoc, en estos términos: «Deseo ser instruido en todo, pero especialmente en lo que concierne a este árbol».

Y él me respondió diciendo: «Esta alta montaña que has visto, cuya cima parece el trono del Señor, es [*precisamente*] su trono, sobre el que se sentará el Santo y el gran Señor de la gloria, el Rey Eterno, cuando descienda a visitar la Tierra, para hacer el bien.

»En cuanto a este árbol aromático, ningún ser de carne tiene el poder de tocarlo hasta el día del Gran Juicio, cuando

[*Dios*] se vengue de todo y consume [*todo*] para la eternidad; y [*entonces*] ese árbol sea dado a los justos y a los humildes.

»Por su fruto se comunicará la vida a los elegidos; y será plantado por la parte del norte, en un lugar santo, cerca de la mansión del Señor, Rey Eterno.

»Entonces, [*los justos y los humildes*] se regocijarán en su alegría, y estarán agradecidos; entrarán en el santuario; el buen olor de este árbol [*penetrará*] en sus huesos, y ellos vivirán una larga vida sobre la Tierra como han vivido sus padres, y en sus días la tristeza, el sufrimiento, los tormentos y los castigos no les alcanzarán».

Entonces bendije al Dios de la gloria, Rey Eterno, porque había preparado tales [*recompensas*] a los hombres justos y creado tales cosas, y había ordenado dárselas.

Capítulo XXVI
Enoc ve otras montañas separadas por valles profundos

Desde allí fui al centro de la Tierra, y vi un lugar bendito y fértil, donde había árboles con ramajes permanentes que crecían [*igualmente*] del árbol una vez cortado.

Allí vi una montaña santa y, al pie de la montaña, agua que venía del este y corría hacia el sur.

Después vi por la parte del este otra montaña más alta que la primera, y entre ellas una garganta profunda pero sin anchura, por la cual corre agua, por debajo de la montaña.

Al oeste de esta [*alta montaña*], hay otra montaña, más baja y sin elevación, y por debajo una garganta, entre las dos; y otra garganta profunda y seca se encuentra al extremo de las tres [*montañas*].

Y todas las gargantas son profundas y sin anchura, de dura roca; y ningún árbol ha sido plantado allí.

Me asombré ante la roca y ante la garganta, y me asombré mucho.

Capítulo XXVII
Uriel explica a Enoc que el Valle Maldito está destinado a los malditos

Entonces dije: «¿Por qué esta Tierra está bendita y llena de árboles, mientras que esta garganta de en medio [*de las montañas*] está maldita?».

Entonces Uriel, uno de los ángeles, que estaba conmigo, me respondió y me dijo: «Este Valle Maldito está [*destinado*] a los malditos para toda la eternidad; es ahí donde serán reunidos todos aquellos que por su boca pronuncian palabras inconvenientes contra el Señor, y dicen insolencias sobre Su gloria; allí se les reunirá, y aquél será el lugar de su castigo.

»Al final de los tiempos, en el tiempo del Gran Juicio, en presencia de los justos, por toda la eternidad: aquí, los que han obtenido misericordia bendecirán al Señor de la gloria, el Rey Eterno.

»El día del juicio de estos [*malos*], [*los justos*] le bendecirán por la misericordia que Él les ha reservado a ellos».

Entonces bendije al Señor de la gloria, publiqué su gloria y canté, como conviene a su grandeza.

Capítulo XVIII
Enoc ve un río

Desde allí fui hacia el este, en medio de la cadena de montañas de desierto, y vi un desierto y [*estaba*] solitario, lleno de árboles y plantas.

Y el agua caía a borbotones de lo alto.

Fluyendo cual copiosa corriente; parecía como un río abundante que manaba hacia el noroeste; y por todas partes ascendía el agua y el rocío.

Capítulo XXIX
Los árboles del Juicio

De allí fui a otro punto del desierto y me acerqué al este de esa montaña.

Y allí vi los árboles perfumados, que exhalan un olor suave de incienso y de mirra; y sus frutos se parecen a las nueces.

Capítulo XXX
Nuevos árboles olorosos

Y fui no lejos de allí, al otro lado de los árboles hacia el este; y vi otro lugar: una garganta [*llena*] de un agua, como la que no se agota nunca.

Vi un árbol hermoso, parecido a un árbol aromático, como la resina del lentisco.

Sobre los bordes de esas gargantas vi el oloroso árbol de la canela. Después avancé más allá, hacia el este.

Capítulo XXXI
El néctar: el fruto del áloe

Y vi otras montañas sobre las que había árboles, y se escapaba una especie de néctar que se llama sarara y galbanum.

Detrás de esas montañas, vi otra montaña sobre la que había aloes, y esos árboles estaban cargados de un [*fruto*] parecido a las almendras y era duro.

Y cuando se casca este fruto, éste produce el más dulce de todos los perfumes.

Capítulo XXXII
El Paraíso terrestre y el Árbol del Conocimiento

Después de [*haber olido*] esos perfumes cuando miré hacia el norte, más allá de las montañas, vi siete montañas llenas de nardo puro, de árboles olorosos, de canela y de pimienta.

De allí franqueé la cima de esas montañas, a lo lejos hacia el este, y atravesé el mar de Eritrea y, alejándome, pasé sobre el ángel Zotiel [*sic*].

Y llegué al Paraíso de la Justicia y vi más allá de esos árboles, más árboles y más grandes; crecían allí mismo y su olor era suave; y eran altos, de una gran belleza, y magníficos; y está [*allí*] el Árbol del Conocimiento: los que comen de él poseen una gran sabiduría.

Se parece al algarrobo; su fruto, parecido a un racimo de uva, es muy hermoso; y el olor de ese árbol, se expande y recorre distancias.

Y yo dije: «¡Cuán hermoso es este árbol y qué aspecto tan agradable [*y hermoso*] tiene!».

El santo ángel Rafael, que estaba conmigo, me respondió: «Es el Árbol del Conocimiento, del cual comieron tu anciano padre y tu anciana madre, tus antepasados; y ellos conocieron la ciencia, sus ojos se abrieron, supieron que estaban desnudos, y fueron expulsados del Paraíso».

Capítulo XXXIII
Los confines de la Tierra y las puertas por donde nacen los astros

Desde allí fui a los confines de la Tierra, y allí vi grandes bestias diferentes las unas de las otras, y también pájaros que diferían en aspecto, en belleza y en el trino, cada uno difería del otro.

Al este de esas bestias, vi los confines de la Tierra en donde reposa el Cielo, y las puertas del Cielo estaban abiertas.

Y vi cómo nacen las estrellas del Cielo, y conté las puertas por las que nacen, e inscribí todos sus nacimientos, para cada una en particular, según su número y según sus nombres, según su conjunción y según su posición, su tiempo y sus meses, así como Uriel, el ángel que estaba conmigo, me lo enseñaba.

Y él me enseñó y escribió todo para mí; y escribió incluso para mí sus nombres, sus leyes y sus agrupaciones.

Capítulo XXXIV
Las puertas y los vientos del norte

De allí fui hacia el norte, a los confines de la Tierra, y allí vi una gran y magnífica disposición al final de toda la Tierra.

Y allí vi tres puertas celestiales abiertas en el Cielo; de cada una de ellas salen los vientos del norte; cuando soplan, hace frío, graniza, escarcha, nieva, cae rocío y lluvia. Por una puerta, soplan para el bien; pero, cuando soplan por las otras dos puertas, es con violencia y desolación para la Tierra, y soplan con fuerza.

Capítulo XXXV
Las puertas y las salidas del oeste

De allí fui hacia el oeste, a los confines de la Tierra, y vi las tres puertas del Cielo abiertas, como había visto en el este: tantas puertas como salidas.

Capítulo XXXVI
Las puertas del sur y del este

De allí fui hacia el sur, a los confines de la Tierra, y allí vi tres puertas del Cielo abiertas, de donde salen el viento del sur, el rocío, la lluvia [*y el viento*].

Y desde allí fui hacia el este, a los confines del Cielo, y allí vi tres puertas del Cielo abiertas hacia el este, y sobre ellas unas puertas pequeñas.

Por cada una de esas puertas pequeñas pasan las estrellas del Cielo, y se dirigen hacia el oeste por el camino que les ha sido trazado.

Y contemplando [*este espectáculo*], he bendecido en todo el tiempo al Señor de la gloria; y continuaré bendiciéndole, a Él, que ha realizado grandes y magníficos prodigios, para enseñar la grandeza de Su obra a los ángeles, a los espíritus y a los hombres, a fin de que alaben Su obra, toda Su creación; a fin de que contemplen la obra de Su poder, de que alaben la grandiosa obra de Sus manos, y que Le bendigan durante toda la eternidad.

Libro de las Parábolas
(Caps. XXXVII-LXXI)

✢ ✢ ✢ ✢

Capítulo XXXVII
Segunda visión de Enoc:
le son reveladas tres parábolas

Segunda visión que tuvo; visión de sabiduría que vio Enoc, hijo de Jared, hijo de Malaleel, hijo de Kainán, hijo de Enós, hijo de Seth, hijo de Adán.

Y he aquí el principio de la palabra de sabiduría que he pronunciado para decir a los que habitan sobre el árido: «Escuchad, oh ancianos, y ved, hombres del porvenir, la santa palabra que voy a decir en presencia del Señor de los espíritus.

»Valdría mejor decirla a los ancianos, pero incluso a los hombres del porvenir no les rehusaremos el principio de la sabiduría.

»Hasta el presente, ciertamente, no ha sido dado, por el Señor de los espíritus, sabiduría [*comparable a la*] que he recibido, según mi inteligencia, según el buen placer del Señor de los espíritus, por el que me ha sido dada la parte de vida eterna.

»Así, pues, me han sido [*comunicadas*] tres parábolas, y yo he elevado [*la voz*] y se las he explicado a los que habitan sobre el árido.

Capítulo XXXVIII
Primera parábola: suerte funesta de los pecadores en el día del Juicio

Primera parábola. Cuando aparezca la asamblea de los justos, y los pecadores sean juzgados por sus pecados, y sean expulsados de la faz del árido;

Y cuando el Más Justo se manifieste ante los justos y elegidos, cuya obra depende del Señor de los espíritus; y cuando aparezca la luz a los justos y a los elegidos que habitan sobre el árido, ¿dónde estará la morada de los pecadores, y dónde el lugar de descanso de los que han renegado del Señor de los espíritus? Mejor hubiera sido para ellos que no hubieran nacido.

Cuando los secretos de los justos sean revelados, [*entonces*] los pecadores serán juzgados, y los impíos serán expulsados de allí donde estén presentes los justos y los elegidos.

A partir de entonces aquellos que posean la Tierra no serán ni fuertes, ni elegidos, y no podrán mirar la faz de los santos, porque es el Señor de los espíritus quien ha hecho aparecer Su luz ante los santos, los justos y los elegidos.

Los reyes y los poderosos, en ese tiempo, perecerán y serán entregados a las manos de los justos y de los santos.

Y desde entonces nadie pedirá misericordia por ellos al Señor de los espíritus, porque su vida habrá llegado a su fin.

Capítulo XXXIX
La residencia de los justos y del Elegido

En esos días, los hijos de los elegidos y de los santos descenderán desde lo alto del Cielo, y su semilla será una con los hijos de los hombres.

Y en esos días Enoc recibió los libros de la indignación y de la cólera, y los libros del terror y la conmoción. «Y no habrá misericordia para ellos», dijo el Señor de los espíritus.

En ese tiempo, un torbellino de viento me arrancó de la faz de la Tierra y me dejó en los confines de los Cielos.

Y allí vi otra visión: las moradas de los santos y las camas de reposo de los justos.

Allí mis ojos vieron sus moradas en medio de los ángeles de Su justicia, y sus camas de reposo en medio de los santos; ellos piden, interceden y ruegan por los hijos de los hombres; y la justicia mana como agua ante ellos, y la misericordia, como rocío sobre la Tierra, y así sucederá ante ellos, hasta los siglos de los siglos.

Y en ese lugar, mis ojos vieron al Elegido de la justicia y la fidelidad; y la justicia reina en sus días y los justos y los elegidos son innumerables ante Él, por los siglos de los siglos.

Vi su morada bajo las alas del Señor de los espíritus; todos los justos y los elegidos brillan ante Él como resplandor del fuego; su boca está llena de bendición, y sus labios glorifican el nombre del Señor de los espíritus; y la justicia ante Él jamás perecerá, y la verdad ante Él tampoco perecerá.

Allí es donde yo quería permanecer, y mi alma deseaba esa estancia; ése es mi lugar, pues así ha sido establecido para mí ante el Señor de los espíritus.

En esos días, he alabado y exaltado el nombre del Señor de los espíritus con bendición y alabanza, porque Él me ha confirmado en bendición y en gloria según el buen parecer del Señor de los espíritus.

Y mis ojos han mirado ese lugar durante mucho tiempo, y lo he bendecido y lo he glorificado diciendo: «Bendito es, y bendito sea desde el principio hasta la eternidad».

Y para Él no hay fin; antes de que el mundo fuera creado, Él sabía lo que es, así como lo que tendrá lugar de generación en generación.

Los que no duermen te bendicen; se mantienen ante tu gloria y te bendicen, glorifican y exaltan diciendo: «Santo, santo, santo, el Señor de los espíritus; Él llena la Tierra de espíritus».

Y allá mis ojos vieron a todos los que no duermen, mantenerse ante Él y bendecir[*le*] y decir: «Bendito seas; y bendito sea el nombre del Señor por los siglos de los siglos».

Y mi cara se transformó, de manera que no pude mirar más.

Capítulo XL
Los cuatro Arcángeles: Miguel, Rafael, Gabriel y Fanuel

Y tras eso, vi miles y miles y miríadas y miríadas, innumerables y sin cómputo [*posible*], que se mantienen ante el Señor de los espíritus.

Después miré y vi, a los cuatro lados del Señor de los espíritus, cuatro rostros diferentes de los que no duermen, y aprendí sus nombres, que me dio a conocer el ángel que caminaba junto a mí y me hacía conocer los secretos.

Y oí las voces de esos cuatro rostros, mientras cantaban alabanzas en presencia del Señor de la gloria.

Y la primera voz bendice al Señor de los espíritus por los siglos de los siglos.

Y oí la segunda voz bendecir al Elegido y los elegidos que dependen del Señor de los espíritus.

Y oí la tercera voz pedir y rogar por los que habitan el árido; y suplicaba en nombre del Señor de los espíritus.

Y oí la cuarta voz expulsar a los satanes, y no les permitía llegar cerca del Señor de los espíritus para acusar a los que habitan sobre el árido.

Después de eso, pedí al ángel de la paz que andaba conmigo y me enseñaba todo lo que está oculto: «¿Qué son esos cuatro rostros que he visto, y cuya palabra he oído y escrito?».

Y me dijo: «El primero es el misericordioso y pacientísimo Miguel; el segundo, que está encargado de todas las enfermedades y de todas las heridas de los hijos de los hombres, es Rafael; el tercero, que está encargado de toda fuerza, es Gabriel, y el cuarto, que preside el arrepentimiento, para esperanza de los que heredarán en la vida eterna, su nombre es Fanuel».

Ésos son los cuatro ángeles del Señor de los espíritus, y las cuatro voces que he oído estos días.

Capítulo XLI
La residencia de los elegidos. Los secretos de los elementos, del Sol y de la Luna

Después vi todos los secretos de los Cielos, y cómo será repartido el reino, y cómo las acciones de los hombres serán pesadas en la balanza.

Allí, vi la residencia de los elegidos y la residencia de los santos, y mis ojos vieron allí a todos los pecadores que reniegan del nombre del Señor de los espíritus, expulsados de este lugar, llevados cautivos y no pudiendo subsistir más a causa del castigo que viene del Señor de los espíritus.

Y allí mis ojos vieron los secretos del rayo y del trueno, y los secretos de los vientos y de cómo están distribuidos para soplar sobre la Tierra, y los secretos de las nubes y del rocío; y allí vi cómo proceden en ese lugar y cómo se satura [*de humedad*] la Tierra polvorienta.

Allí vi los depósitos cerrados desde donde son distribuidos los vientos; el depósito del granizo y del viento, el depósito de la niebla y de las nubes; y su nube [*de este depósito*] planea sobre la Tierra desde el principio del mundo.

Y vi los depósitos del Sol y de la Luna, de donde salen [*estos astros*] y a donde vuelven, y su vuelta es gloriosa; y cómo uno es más bello que el otro, y [*cómo*] su carrera es magnífica; [*y vi*] cómo no se apartan de su ruta, y no añaden ni restan nada a su recorrido, sino que permanecen fieles el uno al otro, en el juramento que se han hecho.

El Sol sale primero, y sigue su camino por orden del Señor de los espíritus y su nombre permanecerá por los siglos de los siglos.

Después viene el camino oculto y después descubierto de la Luna; ella cumple el recorrido de su camino en ese mismo lugar, durante el día y durante la noche; y el uno está en la parte opuesta del otro en presencia del Señor de los espíritus; y dan gracias y alaban sin descansar, porque para ellos la acción de gracias es un descanso.

El Sol cumple, en efecto, numerosas revoluciones, sea para bendecir, sea para maldecir; y el recorrido del camino de la Luna es luz para los justos, y tinieblas para los pecadores, en nombre del Señor que ha separado la luz de las tinieblas, que ha repartido los espíritus de los hombres, y ha consolado los espíritus de los justos en nombre de su justicia.

Porque ningún ángel los para [*a los pecadores del versículo*]; y [*ningún*] poder puede retenerles, porque el juez los ve a todos, y los juzga a todos ante Él [*Dios*].

Capítulo XLII
La residencia de la sabiduría y de la injusticia

La sabiduría no ha encontrado lugar en donde pudiera habitar; así, su mansión está en los Cielos.

La sabiduría ha salido para habitar entre los hijos de los hombres y no ha encontrado morada; la sabiduría ha vuelto a su residencia y se ha fijado en medio de los ángeles.

Y la injusticia ha salido de su guarida; ha encontrado a los que no buscaba y ha habitado entre ellos, como la lluvia en el desierto, y como el rocío sobre una Tierra sedienta.

Capítulo XLIII
Las revoluciones de las estrellas.
Su significación simbólica

Después vi otros rayos y las estrellas del Cielo, y vi cómo Él las llamaba por sus nombres; y [*cómo*] ellas le escuchan.

Y vi la balanza de la justicia, y cómo ellas son pesadas [*en ella*] según su luz, según su anchura y según sus espacios y el día de su aparición; su ciclo engendra el rayo; y [*yo*] vi su ciclo según el número de los ángeles, y [*cómo*] ellas se guardan fidelidad entre ellas.

Yo pregunté al ángel que iba conmigo, que me mostró lo que está oculto: «¿Quiénes son aquéllos?».

Y él me dijo: «El Señor de los espíritus te ha mostrado su parábola: éstos son los nombres de los santos que habitan sobre el árido y creen en el nombre del Señor de los espíritus por los siglos de los siglos».

Capítulo XLIV
Las estrellas que se transforman en rayos

Vi también otras cosas aún sobre los rayos; cómo algunas estrellas nacientes se convierten en rayos y no pueden abandonar su [*nueva*] forma.

Capítulo XLV
Segunda parábola: el destino de los renegados.
La transformación de los Cielos y la Tierra

He aquí la segunda parábola sobre los que niegan el nombre del reposo de los santos, así como el del Señor de los espíritus.

Ellos no subirán al Cielo y no alcanzarán la Tierra: tal será la suerte de los pecadores que han renegado del nombre del Señor de los espíritus, y que, así, son reservados para el día de la aflicción y del infortunio.

En este día Mi Elegido se sentará sobre un trono de gloria, y Él escogerá [*a los hombres*] por sus acciones, y sus lugares de reposo serán innumerables; y sus almas se reafirmarán en sí mismas, cuando vean a Mis elegidos y aquellos que han sido indultados por Mi nombre glorioso.

En este día, yo haré habitar a Mi Elegido entre ellos, y transformaré el Cielo, y Yo le bendeciré y le haré luz por la eternidad.

Y Yo transformaré el árido y lo bendeciré; y haré habitar a mis elegidos; pero los que hayan cometido pecado o crimen no lo pisarán.

Pues Yo, he visto y he saciado de paz a los justos, y los he hecho habitar ante Mí; pero el juicio de los pecadores se ha allegado a Mí con el fin de que los haga desaparecer de la Tierra.

Capítulo XLVI
El Anciano de Días y el Hijo del hombre

Allí vi a alguien que era anciano de días y Su cabeza era como hecha de lana blanca; y con Él otro cuya figura tenía la apariencia de un hombre, y su figura era llena de gracia, como uno de los ángeles santos.

Interrogué al ángel que iba conmigo y que me hacía conocer todos los secretos respecto a este Hijo del hombre: «¿Quién es él, de dónde viene; por qué va él con el Anciano de Días?».

Él me respondió y me dijo: «Éste es el Hijo del hombre que posee la justicia y con el que habita la justicia, que revelará todos los tesoros de los secretos, porque el Señor de los espíritus lo ha escogido, y su sino ha vencido por el derecho ante el Señor de los espíritus por la eternidad.

»El Hijo del hombre que tú has visto hará levantar a los reyes y a los poderosos de sus lechos, y a los fuertes de sus asientos; y romperá los frenos de los fuertes, y partirá los dientes de los pecadores.

»Y derrocará a los reyes de sus tronos y de su poder, porque ellos no le han exaltado y porque no le han glorificado y porque no han confesado humildemente de dónde les había sido dada la realeza.

»Y cambiará la faz de los fuertes y la llenará de temor; las tinieblas serán su vivienda y los gusanos su cama, y esperarán no levantarse de su cama, porque no han exaltado el nombre del Señor de los espíritus.

»Éstos son los que juzgan las estrellas del Cielo y los que levantan sus manos contra el Más Alto, los que oprimen el árido y habitan sobre él; y todas sus obras manifiestan la injusticia; su poder reside en su riqueza, y su confianza [*se encamina*] hacia los dioses que han hecho con sus propias manos; ellos niegan el nombre del Señor de los espíritus.

»Y persiguen sus asambleas, y a los fieles que son atacados en el nombre del Señor de los espíritus».

Capítulo XLVII
La sangre de los justos clama venganza. Alegría de los santos ante la aprobación de esta venganza

Y en esos días la oración y la sangre de los justos ascenderá de la Tierra ante el Señor de los espíritus.

En estos días, los santos que habitan en lo alto de los Cielos se unirán en una sola voz; y suplicarán, orarán, glorificarán, agradecerán y bendecirán el nombre del Señor de los espíritus sobre la sangre de los justos que ha sido derramada, y sobre la oración de los justos, con el fin de que ella no sea vana ante el Señor de los espíritus, y que se le haga justicia, y que su espera no sea eterna.

En este tiempo, yo vi al Anciano de Días, mientras estaba sentado sobre el trono de Su gloria, y los libros de los vivos fueron abiertos ante Él; y todo su ejército, que habita en lo alto de los Cielos, y su corte permanecían en pie ante su presencia.

Y el corazón de los santos se llenó de alegría porque el número de la justicia está próximo [*del término fijado*], la oración de los justos acogida, y la sangre de los justos ha sido vengada ante el Señor de los espíritus.

Capítulo XLVIII
El manantial de la justicia. El Hijo del hombre.
Luz y esperanza. Castigo de los reyes
y de los poderosos

En este lugar vi el manantial de la justicia, que es inagotable; y a su alrededor había muchas fuentes de sabiduría; y todos los sedientos bebían y se llenaban de sabiduría, y tenían sus moradas con los justos, los santos y los elegidos.

Y en este momento, este Hijo del hombre fue nombrado cerca del Señor de los espíritus, y su nombre [*fue nombrado*] ante el Anciano de Días.

Y antes de que las señales y el Sol fuesen creados, antes de que se hiciesen las estrellas del Cielo, su nombre fue nombrado ante el Señor de los espíritus.

Será Él un bastón para los justos, a fin de que puedan apoyarse sobre Él y no caer; será la luz de los pueblos, y será la esperanza de aquellos que sufren en su corazón.

Todos aquellos que habitan sobre el árido se prosternarán y lo adorarán; y bendecirán y glorificarán y cantarán al Señor de los espíritus.

Y por ello es por lo que Él ha sido elegido y guardado ante Él [*el Señor*] antes de la creación del mundo, y por la eternidad.

La sabiduría del Señor de los espíritus lo ha revelado a los santos y a los justos, porque Él ha conservado la parte de los justos, porque ellos han odiado y despreciado este mundo de injusticia y han odiado toda la obra y los caminos en nombre del Señor de los espíritus, porque ellos serán salvados por su nombre, y Él es el vengador de su vida.

En estos días los reyes de la Tierra y los poderosos que poseen el árido tendrán la faz abatida a causa de la obra de sus manos, porque en el día de su angustia y de su aflicción, no se salvarán.

Los entregaré en las manos de mis elegidos; como la paja en el fuego y como el plomo en el agua, así arderán ante la cara de los santos, y serán sumergidos ante la cara de los justos, y no se encontrará más rastro de ellos.

En el día de su aflicción, habrá reposo en la Tierra; ante ellos [*los justos*] caerán y no se levantarán más, y no habrá nadie para tenderles la mano y levantarlos, porque han renegado del Señor de los espíritus y su Mesías. Bendito sea el nombre del Señor de los espíritus.

Capítulo XLIX
Poder y sabiduría del Elegido

Porque ante Él la sabiduría mana como agua y la gloria no perece, por los siglos de los siglos.

Porque es poderoso en todos los secretos de la justicia, la injusticia desaparecerá como la sombra y no tendrá cabida; porque el Elegido está en pie ante el Señor de los espíritus, y su gloria [*permanece*] por los siglos de los siglos, y su poder por las generaciones de las generaciones.

En Él habita el espíritu de la sabiduría y el espíritu que ilumina, y el espíritu del entendimiento y la fuerza, y el espíritu de los que se han dormido en la justicia.

Él es el que juzga las cosas secretas, y nadie puede pronunciar palabras vanas ante Él, porque Él es el Elegido en presencia del Señor de los espíritus, según su complacencia.

Capítulo L
Gloria de los justos y desgracia de los pecadores en el día del Elegido

En esos días habrá un cambio para los santos y para los elegidos: la luz de los días habitará sobre ellos, y la gloria y el honor vendrán hacia los santos.

En el día de la aflicción, cuando la desgracia se amontone sobre los pecadores, los justos serán victoriosos por el nombre del Señor de los espíritus, y Él enseñará a los otros a hacer penitencia y a renunciar a la obra de sus manos.

Ellos no tendrán ningún honor por el nombre del Señor de los espíritus, sino que serán salvados por su nombre, y el Señor de los espíritus tendrá piedad de ellos, porque su misericordia es grande.

Pero Él es justo en su juicio; y en presencia de su gloria, en su juicio, la injusticia no podrá mantenerse: el que no haga penitencia ante Él, perecerá.

«Y desde entonces no les acordaré más misericordia», dijo el Señor de los espíritus.

Capítulo LI
El Elegido escogerá a los justos entre los muertos que la Tierra y el Sol devolverán. Esos justos habitarán sobre la Tierra

En esos días, la Tierra devolverá lo que ha sido depositado en ella, y el Sol lo que ha recibido, y los infiernos lo que deben.

Él [*el Elegido*] escogerá entre ellos los justos y los santos, porque está cercano el día en que serán salvados.

El Elegido, en esos días, tendrá sede en Mi trono, y todos los secretos de la sabiduría saldrán de las sentencias de su boca, porque el Señor de los espíritus le ha recompensado con ese don y le ha glorificado.

En esos días las montañas se alzarán como arietes, y las colinas saltarán como corderos hartos de leche; y todos [*los justos*] se convertirán en ángeles del Cielo.

Su rostro brillará de alegría porque, en esos días, el Elegido se levantará, y la Tierra se alegrará, y los justos la habitarán, y los elegidos andarán y se pasearán sobre ella.

Capítulo LII
Las montañas se fundirán ante el Elegido

Tras estos días, en el mismo lugar en donde había visto todas las visiones de lo que está oculto —ya que había sido llevado por un torbellino de viento y conducido hacia el oeste—;

allí mismo, mis ojos vieron todos los secretos de los Cielos que están por llegar, una montaña de hierro, una de cobre, una de plata, una de oro, una de estaño y una de plomo.

Interrogué al ángel que caminaba conmigo, diciendo: «¿Qué es todo esto que he visto en secreto?».

Él me dijo: «Todo lo que has visto servirá al poder de su Mesías para que sea fuerte y poderoso sobre la Tierra».

Después este ángel de la paz, tomando la palabra, me dijo: «Espera un poco y te serán revelados todos los misterios que rodean al Señor de los espíritus.

»Esas montañas que tus ojos han visto, la montaña de hierro, la de cobre, la de plata, la de oro, la de estaño y la de plomo, serán ante el Elegido como cera ante el fuego y como el agua que cae de lo alto sobre esas montañas y se ablandarán a sus pies.

»Y en esos días nadie se salvará ni por el oro ni por la plata, y no se podrá huir.

»Y no habrá ni hierro para la guerra, ni malla para la coraza del pecho; el bronce será inútil, el estaño no servirá para nada y no será estimado, y el plomo no será codiciado.

»Todas estas cosas serán destruidas y aniquiladas sobre la superficie de la Tierra, cuando aparezca el Elegido, ante la faz del Señor de los espíritus».

Capítulo LIII
El valle sin fondo. Los ángeles del castigo preparan los instrumentos de Satanás. Los instrumentos de Satanás. La casa de la asamblea del Elegido

Y allí mis ojos vieron un valle profundo con anchas bocas; y todos los que habitan en el árido, el mar y las islas, le llevan presentes, dones y ofrendas, pero ese valle profundo no se llena.

Sus manos cometen el crimen, y todo lo que [los justos] producen con fatiga, los pecadores lo devoran criminalmente; así los pecadores perecerán ante el rostro del Señor de los espíritus y serán expulsados sin cesar de la faz de su Tierra por los siglos de los siglos.

Porque vi a todos los ángeles del castigo establecerse y preparar todos los instrumentos de Satanás.

E interrogué al ángel de la paz que andaba conmigo: «¿Para qué preparan esos instrumentos?».

Y me dijo: «Los preparan para los reyes y los poderosos de esta Tierra, a fin de que perezcan por ellos.

»Tras eso, el Justo y Elegido hará aparecer la casa de su asamblea; desde entonces [los justos] ya [no] serán apartados más gracias al nombre del Señor de los espíritus.

»Esas montañas ya no estarán más en presencia de su justicia, como la Tierra; y las colinas se convertirán como en una fuente de agua, y los justos descansarán de la opresión de los pecadores».

Capítulo LIV
El valle de fuego. Los instrumentos del suplicio de los ángeles malos. La plaga de Dios, el Diluvio

Y miré, y me volví hacia otro lado de la Tierra, y vi allí un valle profundo en donde el fuego llameaba.

Y llevaron a los reyes y a los poderosos y los echaron en este valle profundo.

Allí mis ojos vieron fabricar sus instrumentos de suplicio, cadenas de hierro que no podrían pesarse.

E interrogué al ángel de la paz que iba conmigo: «¿Para qué son preparadas esas cadenas de tortura?».

Y dijo: «Esas cadenas son preparadas para las tropas de Azazel, para cogerlos y lanzarlos al abismo de toda condenación, y cubrir sus mandíbulas de ásperas piedras, según lo que ha ordenado el Señor de los espíritus.

»Después, Miguel, Gabriel, Rafael y Fanuel los cogerán en ese gran día y los echarán en el brasero ardiente, a fin de que el Señor de los espíritus les castigue por su iniquidad, porque se han hecho servidores de Satanás, y han arrastrado al pecado a los que habitan sobre el árido.

»En esos días vendrá la plaga del Señor de los espíritus, y [*esa plaga*] abrirá todos los depósitos de agua que están sobre los Cielos, y las fuentes que están [*bajo los Cielos y*] bajo la Tierra.

»Todas esas aguas se mezclarán, aguas con aguas; el agua que está sobre el Cielo es del sexo masculino, y el agua que está bajo la Tierra es del sexo femenino.

»Y todos los que habitan sobre el árido, y los que habitan bajo los confines del Cielo serán aniquilados. Por esto es por lo que ellos reconocerán la injusticia que han cometido sobre la Tierra, y por ella perecerán».

Capítulo LV
Juramento del Anciano de Días.
Arcoíris colocado como un signo de los Cielos

Tras esto, el Anciano de Días se arrepintió y dijo: «Es inútil que haya destruido a todos los habitantes del árido». Y juró por Su gran nombre: «De ahora en adelante no actuaré más de esta manera en relación con los que habitan sobre el árido; colocaré un signo en los Cielos, y será una garantía de fidelidad entre Mí y ellos para siempre, mientras el Cielo esté sobre la Tierra. Y esto se hará de acuerdo con Mi orden.

»Cuando quiera tomarles de la mano por medio de los ángeles en el día de la tribulación y el dolor, haré que Mi castigo y Mi ira caigan sobre ellos», dijo Dios, el Señor de los espíritus.

«Reyes poderosos que habitáis sobre el árido, veréis a mi Elegido sentarse sobre el trono de gloria y juzgar a Azazel y a todos sus compañeros y a todo su ejército, en nombre del Señor de los espíritus».

Capítulo LVI
Los ángeles del castigo echarán a sus elegidos en la hendidura del valle.
Marcha de los reyes de los partos y de los medas contra la Tierra de los elegidos de Dios.
Su aniquilamiento en el Sheol

Vi allí a las tropas de los ángeles del castigo, que andaban sujetando en la mano látigos y cadenas de hierro y bronce.

E interrogué al ángel de la paz que iba conmigo, y dije: «¿Hacia quién van los que llevan los látigos?».

Me dijo: «Hacia sus elegidos y sus bienamados, a fin de que éstos sean lanzados en la profunda hendidura del valle.

»Entonces ese valle será llenado de sus elegidos y [*de sus*] bienamados, el tiempo de su vida será consumado, y el tiempo de su extravío no se alargará más.

»Y en esos días, los ángeles volverán y se lanzarán hacia el este, donde están los partos y los medas; sacudirán a los reyes, y un espíritu de turbación les invadirá [*a los reyes*]; y ellos los derrocarán de sus tronos y [*esos reyes*] huirán como leones de sus cubiles y como hienas hambrientas en medio de sus rebaños.

»Y ellos subirán y pisarán la tierra de sus elegidos [*de Dios*], y la tierra de sus elegidos será ante ellos una era y un sendero batido.

»Pero la ciudad de mis justos será un obstáculo para sus caballos, y ellos encenderán la batalla, y su mano derecha desplegará su fuerza contra ellos mismos; el hombre no conocerá a su hermano, ni el hijo a su padre ni a su madre, hasta que el número de los cadáveres esté [*completo*] a consecuencia de su muerte, y que su castigo no sea en vano.

»En ese tiempo, el Sheol abrirá su boca, y serán engullidos en él y su destrucción será el fin; el Sheol devorará a los pecadores ante el rostro de los elegidos».

Capítulo LVII
Carros montados por hombres y llevados sobre los vientos atraviesan el Cielo

Y llegó, tras eso, que vi otro ejército de carros sobre los que había hombres montados; y ellos iban montados sobre los vientos del este y del oeste, y hacia el sur.

Se oía el rodar de sus carros, y cuando este tumulto se produjo, los santos se apercibieron, los pilares de la Tierra fueron derruidos y se oyó de un extremo a otro del Cielo durante un día.

Y todos ellos [*los santos*] se postraron y adoraron al Señor de los espíritus. Tal es el fin de la segunda parábola.

Capítulo LVIII
Tercera parábola: sobre la felicidad de los santos

Y yo empecé a decir la tercera parábola relativa a los justos y a los elegidos:

Felices sois vosotros, ¡oh justos y elegidos!, pues vuestro destino es glorioso.

Los justos estarán en la luz del Sol, y los elegidos en la luz de una vida eterna; y los días de su vida no tendrán fin, los días de los santos serán sin número.

Ellos buscarán la luz y encontrarán la justicia junto al Señor de los espíritus. Habrá paz para los justos en nombre del Señor del mundo.

Después de esto se mandará a los santos del Cielo a que busquen los secretos de la justicia, partición de la fe, pues ella brilla como el Sol sobre el árido y las tinieblas han desaparecido.

Y habrá una luz que no se puede evaluar, y ellos no entrarán en un número [*limitado*] de días, pues antes habrán sido disipadas las tinieblas, la luz habrá sido afirmada ante el Señor de los espíritus, y la luz de la verdad habrá sido afirmada por siempre ante el Señor de los espíritus.

Capítulo LIX
Los rayos, las luces y el trueno

En aquel tiempo, mis ojos vieron los secretos de los rayos y de las luces, y su juicio [*el juicio que ellos ejecutan*]: ellos brillan para bendecir o para maldecir según el deseo del Señor de los espíritus.

Allá vi los secretos del trueno, y cómo cuando retumba en lo alto del Cielo y se oye su sonido; y me hizo ver los juicios ejecutados en la Tierra, ya fueran de bendición o maldición, según la orden del Señor de los espíritus.

Y después de aquello, todos los secretos de las luces y de los rayos me fueron mostrados; ellos brillan para bendecir y para satisfacer.

Capítulo LX
La agitación del Cielo: Behemoth, Leviatán; los elementos

En el año quinientos, en el séptimo mes, el decimocuarto día del mes en la vida de Noé, en esta parábola, yo vi que el Cielo de los Cielos se veía sacudido por un gran temblor, y la armada [*el ejército*] del Más Alto, y los ángeles, y los millares de miles y miríadas y miríadas, se vieron agitados por esta gran sacudida.

Y el Anciano de Días estaba sentado sobre el trono de Su gloria, y los ángeles y los justos permanecían de pie alrededor de Él.

Y un gran temblor me cogió, el temor me agitó, mis riñones se abrieron, mis riñones se fundieron, y caí al suelo de cara.

Pero Miguel envió a otro ángel de entre los santos; él me levantó, y cuando me hubo levantado, mi espíritu volvió a mí, pues yo no podía soportar la vista de este ejército y de su agitación y de las sacudidas del Cielo.

Y Miguel me dijo: «¿Por qué te turba la visión de estas cosas? Hasta este día ha sido el tiempo de su misericordia [*de Dios*], y Él ha sido misericordioso y lento en la cólera para aquellos que habitan sobre el árido.

»Pero cuando venga el día, y el poder, y el castigo, y el juicio que el Señor de los espíritus ha preparado para aquellos que no adoran el juicio de la justicia, para aquellos que reniegan el juicio de la justicia y para aquellos que toman su nombre en vano, en este día ha sido preparado un convenio para los elegidos y una inquisición para los pecadores.

»En ese día dos monstruos fueron separados: un monstruo femenino de nombre Leviatán, para que habite en el abismo de los mares, encima de los manantiales de las aguas; y un macho de nombre Behemoth, que ocupa con su pecho el desierto inmenso de nombre Dudain, al este del jardín donde habitan los elegidos y los justos, donde Él [*Dios*] recibió a mi abuelo, el séptimo después de Adán, el primer hombre que ha hecho el Señor de los espíritus».

E interrogué a otro ángel para que me enseñara la fuerza de estos monstruos, cómo habían sido separados en un solo día, y lanzados, uno al abismo del mar y el otro en la Tierra del desierto.

Él me dijo: «Tú, Hijo del hombre, aquí vas a conocer lo que es secreto».

Y me habló otro ángel que iba conmigo y que me revelaba lo que estaba oculto, me contó lo que hay en el principio y en el fin, en lo alto del Cielo y bajo el árido en el abismo, y en los confines del Cielo, y en los fundamentos del Cielo.

Y me reveló los depósitos de los vientos, cómo son divididos, cómo son pesados, y cómo son divididos y contados los manantiales de los vientos según sus fuerzas; y el poder de la luz de la Luna y cómo éste es un poder de la justicia, y las divisiones de las estrellas según su nombre, y toda división que es hecha [*entre las estrellas*].

Y el trueno en los lugares donde cae, y toda división que es hecha en los rayos, para que ellos luzcan, y su armada, a la que ellos obedecen unívocamente.

Pues el trueno tiene lugares en los que descansa antes de ser llamado, y el trueno y el rayo no están separados de cualquier modo; gracias al espíritu van juntos los dos, y no son separados.

Pues cuando el rayo luce, el trueno alza su voz, y el espíritu también lo apacigua inmediatamente y reparte igualmente entre ellos, pues el depósito de sus tiempos es de arena, y cada uno de ellos está sujeto por un freno, y éste es devuelto por la fuerza del espíritu, y es así conducido por las distintas regiones de la Tierra.

El espíritu del mar es macho y vigoroso y, gracias a la fuerza de su vigor, él lo hace retroceder frenándolo, y así es alejado y disperso sobre todas las montañas de la Tierra.

El espíritu de la helada es su propio ángel, y el espíritu del granizo es un buen ángel.

El espíritu de la nieve la deja [caer] por su propia fuerza; ella tiene un espíritu especial, lo que de ella sube es como el humo, y su nombre es frescor.

El espíritu de la niebla no reside en el mismo depósito, sino que hay un depósito particular para él, porque su ruta es gloriosa en la luz y en la oscuridad, en invierno y en verano, y en su depósito es un ángel.

El espíritu del rocío tiene su morada en los confines del Cielo y es contigua al depósito de la lluvia; su propio curso tiene lugar en invierno y en verano; y su nube y la nube de la niebla están asociadas, y la una da a la otra.

Cuando el espíritu de la lluvia sale de su recipiente, los ángeles vienen, abren el depósito y la hacen salir; y cuando ella se derrama sobre todo el árido, ella se une al agua que está sobre el árido. Y cuando se une al agua que está sobre el árido [...]

Y las aguas son para aquellos que habitan sobre el árido, pues ellas son un alimento para el árido [*que viene*] del Más Alto que está en el Cielo, por esto es por lo que la lluvia tiene una medida, y los ángeles se encargan de ello.

Yo vi todo aquello hasta el Jardín de los Justos.

Y el ángel de la paz que estaba conmigo me dijo: «Estos dos monstruos, que convienen a la grandeza del Señor del universo, son alimentados a fin de que [*no venga en vano el castigo del Señor de los espíritus*], y Él [*el castigo*] matará a los pequeños con su madre y a los hijos con su padre.

»Cuando el castigo del Señor de los espíritus pese sobre ellos, pesará porque el castigo del Señor de los espíritus no viene en vano sobre los de allá. Luego, tendrá lugar el juicio dentro de su misericordia y de su paciencia».

Capítulo LXI
Los ángeles van a medir la mansión de los justos. Juicio de los santos por el Elegido

He aquí lo que vi en estos días: unas cuerdas largas les fueron dadas a estos ángeles, y ellos tomaron las alas y volaron, y fueron hacia el lado del norte.

Y yo interrogué al ángel diciéndole: «¿Por qué han tomado estas cuerdas y se han ido?» Él me dijo: «Se han ido a medir».

Y el ángel que iba conmigo me dijo: «Aquéllos [*estos ángeles*] llevan a los justos las medidas de los justos y las cuerdas de los justos para que ellos se mantengan así por el nombre del Señor de los espíritus por los siglos de los siglos.

»Los elegidos empezarán a habitar junto a los elegidos, y estas medidas son las que serán dadas a la fe, y que fortalecerán la justicia.

»Estas medidas revelarán todos los secretos del abismo de la Tierra, y los que han sido destruidos por el desierto, y los que han sido tragados por los peces del mar y por las bestias, a fin de que vuelvan y sean ellos mismos el día del Elegido, porque no hay nada que perezca ante el Señor de los espíritus, y no hay nada que pueda perecer.

»Y todos los que están en lo alto del Cielo han recibido una orden, y un poder, y una sola voz, y una sola luz como de fuego.

»Y a Él le han bendecido con sus primeras palabras, y lo han exaltado, le han alabado con sabiduría, y han sido prudentes por la palabra y por el espíritu de vida.

»Y el Señor de los espíritus ha hecho sentar al Elegido sobre un trono de gloria, juzgará todas las obras de los santos, y sus obras serán pesadas en la balanza.

»Cuando levante su cara para juzgar sus vidas secretas por la palabra del nombre del Señor de los espíritus, y su sendero por la vía del justo juicio del Señor de los espíritus, ellos hablarán todos con una sola voz, y bendecirán y alabarán y exaltarán y proclamarán santo el nombre del Señor de los espíritus.

»Y ella [*le*] reunirá a todo el ejército de los Cielos y todos los santos en las alturas, y el ejército del Señor del universo, de los querubines, los serafines, los ofanim, todos los ángeles de poder y todos los ángeles de los principados, y el Elegido, y los otros poderes que están sobre el árido y sobre el agua.

»En ese día, ellos elevarán la voz, y bendecirán, alabarán y exaltarán en el espíritu de fidelidad, en el espíritu de sabiduría, en [*el espíritu de*] la paciencia, en el espíritu de la misericordia, en el espíritu de la justicia y de la paz y en el de la bondad, y dirán todos con una sola voz: "Bendito es y bendito sea el nombre del Señor de los espíritus, por siempre jamás y hasta la eternidad".

»Ellos le bendecirán, todos los que no duermen en lo alto del Cielo, le bendecirán todos los santos que están en el Cielo, y todos los elegidos, que habitan en el Jardín de la Vida, y todo espíritu de luz que pueda bendecir y alabar y exaltar y proclamar santo Tu nombre bendito, y toda carne que alaba y bendiga más allá de todas [*sus*] fuerzas Tu nombre por los siglos de los siglos.

»Porque grande es la misericordia del Señor de los espíritus y Él es lento en la cólera, y todas sus obras y la medida de sus obras las ha revelado a los justos y a los elegidos, en nombre del Señor de los espíritus».

Capítulo LXII
Juicio de los reyes y de los poderosos. Felicidad de los justos

Así ordenó el Señor a los reyes, a los poderosos y a los grandes, y a los que habitan la Tierra, y dijo: «Abrid los ojos y elevad vuestros cuerpos [*para ver*] si podéis reconocer al Elegido».

Y el Señor de los espíritus le hizo sentarse en el trono de Su gloria, el espíritu de la justicia se extendió sobre él [*el Elegido*], y la palabra de su boca condenó a muerte a los pecadores, y los malos fueron destruidos ante su rostro.

En ese día, todos los reyes y los poderosos, y los que poseen la Tierra, se mantendrán en pie, y le verán y le reconocerán cuando se siente sobre el trono de Su gloria; la justicia ante él será juzgada, y no habrá palabra vana que sea pronunciada ante él.

Y el dolor vendrá sobre ellos como sobre una parturienta, cuyo parto es laborioso, cuando su hijo viene por la abertura de su pelvis, y sufre para dar a luz.

La mitad de entre ellos mirará a la otra mitad, y estarán aterrorizados; bajarán el rostro, y el dolor hará de ellos su presa cuando vean a este Hijo del hombre sentado sobre el trono de Su gloria.

Y los reyes y los poderosos y todos los que poseen la Tierra alabarán, bendecirán y exaltarán al que reina sobre todo lo que es secreto.

Porque ante él está oculto el Hijo del hombre, y el Altísimo lo ha guardado ante Su poder y lo ha revelado a los elegidos.

Y la sociedad de los elegidos y de los santos será bendecida, y todos los elegidos se mantendrán de pie ante él en ese día.

Y todos los reyes, y los poderosos, y los grandes y los que dominan el árido, caerán ante Él, sobre su rostro, y adorarán, y esperarán en este Hijo del hombre, y le suplicarán y pedirán misericordia.

Pero este Señor de los espíritus les dará prisa para que se apresuren a salir de su presencia, y llenará de vergüenza sus rostros y las tinieblas se acumularán sobre sus rostros.

Y él los entregará a los ángeles para el castigo, a fin de que los castiguen, a ellos que han oprimido a sus hijos y a sus propios elegidos.

Y ellos serán un espectáculo para los justos y sus elegidos; ellos se alegrarán por eso, porque la cólera del Señor de los espíritus pesó sobre ellos y su espada se emborrachó con ellos [*es decir, con su sangre*].

Pero los justos y los elegidos serán salvados en ese día, y nunca más verán el rostro de los pecadores y de los malos.

Y el Señor de los espíritus habitará sobre ellos, y con este Hijo del hombre comerán, se acostarán y se levantarán por los siglos de los siglos.

Y los justos y los elegidos se levantarán de la Tierra, cesarán de bajar el rostro, y dejarán de tener un semblante abatido.

Y serán vestidos con trajes de gloria. Y éstos serán los vestidos de la vida por parte del Señor de los espíritus, y sus trajes no envejecerán, y su gloria no perecerá ante el Señor de los espíritus.

Capítulo LXIII
Los reyes y los poderosos suplicarán inútilmente a su juez

En esos días, los poderosos y los reyes que poseen el árido suplicarán a los ángeles del castigo a quienes han sido entregados, para que les den un poco de reposo, a fin de que caigan ante el Señor de los espíritus y le adoren, para que confiesen sus pecados ante Él.

Y bendecirán, y alabarán al Señor de los espíritus, y dirán: «Bendito sea el Señor de los espíritus, el Señor de los reyes, el Señor de los poderosos, el Señor de los ricos, el Señor de la gloria y el Señor de sabiduría; Él ilumina todo lo que es secreto.

»Tu poder [*permanece*] por generaciones de generaciones, y Tu gloria, por los siglos de los siglos. Todos Tus secretos son profundos y sin número, y Tu justicia es inconmensurable.

»Ahora reconocemos que debemos alabar y bendecir al Señor de los reyes, y al que reina sobre todos los reyes».

Y dirán también: «¿Quién nos dará reposo para glorificar[*te*], y dar[*te*] gracias y confesar[*te*] en presencia de tu gloria?

»Ahora suspiramos por un poco de reposo y no lo encontramos; somos expulsados y no poseemos [*nada*]; la luz se desvanece ante nosotros y las tinieblas son nuestra mansión por los siglos de los siglos.

»Porque ante Él no hemos confesado y no hemos alabado el nombre del Señor de los espíritus, y no hemos alabado a nuestro Señor, sino que nuestra esperanza ha reposado enteramente en nuestro mando y en nuestra gloria.

»Así, en el día de nuestra tribulación y de nuestra aflicción, no nos ha salvado, y no encontramos reposo para confesar que nuestro Señor es fiel en todas Sus obras, y [en] Su juicio, y [en] Su justicia, y que Su juicio no hace excepción de nadie.

»Pasamos lejos de su rostro a causa de nuestras acciones, y todos nuestros pecados han sido contados con justicia».

Después ellos les dirán [*a los ángeles del castigo*]: «Nuestra alma está harta de los bienes de la iniquidad, pero ello no nos impide descender a los sufrimientos del Sheol».

Y tras eso sus rostros se llenarán de oscuridad y de confusión ante el Hijo del hombre, y serán expulsados de su presencia, y la espada permanecerá ante su rostro entre ellos.

Entonces dijo el Señor de los espíritus: «Tal es la suerte y el castigo de los poderosos, y de los reyes, y de los grandes, y de los que poseen el árido, ante el Señor de los espíritus».

Capítulo LXIV
Lugar de castigo de los ángeles malos

Después vi otras caras ocultas en ese lugar. Oí la voz de un ángel, que decía: «Éstos son los ángeles que descendieron sobre la Tierra, y que revelaron a los hijos de los hombres lo que es secreto, y que enseñaron a los hijos de los hombres a cometer el pecado».

Capítulo LXV
Enoc le dice a Noé el castigo de los otros hombres y su preservación

En estos días, Noé vio que la Tierra se tambaleaba y que su destrucción estaba próxima.

Y partió de allí y fue a los confines de la Tierra y clamó a su abuelo Enoc, y Noé dijo tres veces con una voz triste: «Escúchame, escúchame, escúchame».

Y yo le dije: «Dime qué es lo que pasa sobre la Tierra para que la Tierra esté tan desamparada y sea sacudida así. Quizá yo también perezca con ella».

Tras eso hubo una gran sacudida sobre la Tierra, después una voz se hizo oír desde el Cielo, y caí sobre mi rostro.

Y Enoc, mi abuelo, vino, se mantuvo cerca de mí y me dijo: «¿Por qué has gritado hacia mí tristezas y lamentaciones?».

Después se ejecutó una orden por la presencia del Señor a propósito de los que habitan el árido, a fin de que se cumpliera su ruina, porque todos han conocido los secretos de los ángeles y toda la violencia de los satanes y todos sus poderes secretos y todos los poderes de los que hacen maleficios, y el poder de los sortilegios, y el poder de los que funden las obras de metal de toda la Tierra.

Y cómo la plata se produce por el polvo de la Tierra y cómo se hace el metal fundido sobre la Tierra.

Porque el plomo y el estaño no son producidos por la Tierra como el primero [*la plata*]: es una fuente la que los produce, y un ángel se mantiene ante ella, y este ángel es preeminente.

Tras eso, mi abuelo Enoc me tomó por la mano y me levantó y me dijo: «Vete, porque he preguntado al Señor de los espíritus por esta sacudida de la Tierra.

»Y Él me ha dicho: "Por su iniquidad es por lo que se cumple su castigo, y por ello no serán retenidos en Mi presencia. A causa de lo que han buscado saber y han aprendido, la Tierra y aquellos que la habitan sobre ella será destruida.

»En cuanto a éstos [*los ángeles*], no habrá jamás lugar para el arrepentimiento para ellos, porque ellos les han enseñado [*a los hombres*] lo que es secreto, y son ellos los que han sido condenados. Pero en cuanto a ti, hijo mío, el Señor de los espíritus sabe que eres puro e indemne de esta culpa que concierne a los misterios".

»Y Él ha afianzado su nombre en medio de los santos, y te preservará entre los que habitan sobre el árido, y afianzará tu raza en la justicia para la realeza y para grandes honores, y de tu raza saldrá un manantial de justos y de santos, y ellos serán innumerables por siempre jamás».

Capítulo LXVI
Los ángeles del castigo se preparan para desatar los poderes de las aguas

Y después de esto, me mostró los ángeles del castigo, que estaban preparados para desatar los poderes del agua, que está por debajo de la Tierra, para que ella sirva al castigo y a la destrucción de todos los que permanecen y habitan sobre el árido.

Y el Señor de los espíritus mandó a los ángeles que ya se disponían a ello a que no levantasen las manos, sino que vigilaran, pues estos ángeles estaban [*encargados*] del empuje de las aguas. Y yo me alejé de la presencia de Enoc.

Capítulo LXVII
Promesas de Dios a Noé. Los ríos de fuego donde son castigados los ángeles malos y donde serán castigados un día los reyes poderosos

En estos días, la palabra del Señor del universo me fue [*dirigida*] y él me dijo: «Noé, tu destino ha llegado junto a Mí, un destino en el que no hay culpa, un destino de amor y de equidad.

»Y ahora, los ángeles trabajan los bosques, y cuando los ángeles hayan acabado esta [*obra*], Yo extenderé Mi mano sobre ella, y Yo la guardaré, y la raza de la vida saldrá de ella, y habrá un cambio para que la Tierra no quede vacía.

»Y Yo consolidaré tu raza ante Mí por los siglos de los siglos, pero dispersaré a los que habitan contigo, Yo no probaré [*a tu raza*] sobre la faz del árido, y ella será bendita, y se multiplicará ante el árido, en el nombre del Señor».

Y Él encerrará a los ángeles que han mostrado iniquidad, en este valle ardiente que primeramente me había mostrado mi abuelo Enoc, en el oeste, junto a montañas de oro, de plata, de hierro, de metal fundido y de estaño.

Y vi este valle donde había una gran perturbación, y una perturbación de aguas.

Y cuando todo se consumó, de este metal fundido de fuego, y de la agitación [*de las aguas*] surgió un olor de azufre, y se mezcló con las aguas, y el valle donde [*estaban*] los ángeles que habían seducido [*a los hombres*] ardió debajo de la Tierra.

Y de sus valles salieron ríos de fuego donde fueron castigados estos ángeles que habían seducido a los que habitaban sobre el árido.

Estas aguas servirán en estos días a los reyes, y a los poderosos, y a los grandes, y a aquellos que habitan sobre el árido para la curación de la carne y para el castigo del espíritu; pero como sus espíritus están llenos de lujuria, su carne será castigada, porque han renegado del Señor de los espíritus; y ellos observan el castigo de cada día sin confesar su nombre.

A medida que su carne es quemada con más intensidad, se produce un cambio proporcional en [*su*] espíritu por los siglos de los siglos, pues no hay nadie ante el Señor de los espíritus que profiera una palabra en vano.

El juicio vendrá sobre ellos, porque ellos creen en la lujuria de su carne y reniegan del Espíritu del Señor.

Y durante estos días sucederá asimismo un cambio en las aguas, pues cuando estos ángeles sean castigados en estas aguas, el calor de estos manantiales cambiará; y cuando los ángeles asciendan, esta agua de los manantiales cambiará y se enfriará.

Y yo oí a Miguel tomar la palabra y decir: «Este castigo con que son castigados los ángeles sirva de testimonio para los reyes y para los poderosos que poseen el árido.

»Pues estas aguas de castigo son para la curación de la carne de los reyes y para la de la lujuria de su carne, pero no creen ellos y no ven que estas aguas serán cambiadas y se convertirán en un fuego ardiente por siempre».

Capítulo LXVIII
Miguel y Rafael se sorprenden de la severidad del castigo de los ángeles

Después de aquello, mi abuelo Enoc me dio la explicación de todos los secretos en un libro, y [*también*] las parábolas que le habían sido dadas, y él las reunió para mí en las palabras del Libro de las Parábolas.

Y aquel día, Miguel tomó la palabra para decir a Rafael: «El poder del Espíritu me transporta y me irrita en razón de la severidad del castigo de los secretos, del castigo [*de los ángeles*]: ¿quién es el que podrá soportar el castigo riguroso que ha sido ejecutado, y ante el cual ellos se hunden?».

Y Miguel tomó de nuevo la palabra y dijo a Rafael: «¿Existe alguien cuyo corazón no sea tocado por esto [*el castigo*] y cuyos riñones no se turben por esta palabra de castigo [*que*] ha sido proferida contra los que han sido arrojados violentamente de este modo?».

Y sucedió, cuando Miguel llegó ante el Señor de los espíritus, que le dijo a Rafael: «Yo no seré como ellos ante los ojos del Señor, pues el Señor de los espíritus está irritado con ellos, porque ellos se conducen como si ellos fueran el Señor.

»Por esto es por lo que todo lo que es secreto irá contra ellos y por los siglos de los siglos; pues ningún ángel u hombre recibirá tal destino, mas ellos solos han recibido su castigo por los siglos de los siglos».

Capítulo LXIX
Nombres y papeles de los ángeles malos.
Juramento misterioso que ellos han revelado

Y después de este juicio se les asustará y se les exasperará, porque ellos han mostrado aquello a los hombres que habitan sobre el árido.

Y he aquí los nombres de estos ángeles, y tales son sus nombres: el primero de entre ellos es Semyaza, el segundo Arakib, el tercero Aramiel, el cuarto Kokabiel, el quinto Turiel, el sexto Ramiel, el séptimo Daniel, el octavo Ezequiel, el noveno Baraqiel, el décimo Azazel, el undécimo Armaros, el duodécimo Batariel, el decimotercero Basasael, el decimocuarto Hananel, el decimoquinto Turiel, el decimosexto Samsiel, el decimoséptimo Yetariel, el decimoctavo Tumael, el decimonono Satariel, el vigésimo Rumael y el vigésimo primero Azazel.

Y éstos son los nombres de sus ángeles, y los nombres de sus jefes de centenas, de sus jefes de cincuentenas y de sus jefes de docenas.

El nombre del primero es Yeqon: éste es el que sedujo a todos los hijos de los ángeles y los hizo descender sobre la Tierra, y los sedujo por las hijas de los hombres.

El nombre del segundo es Asbeel: éste dio un mal consejo a los hijos de los ángeles [*santos*]: él los arrastró a mancillar su carne con las hijas de los hombres.

El nombre del tercero es Gadriel: éste es el que mostró a las hijas de los hombres todas las llagas de la muerte, él es quien sedujo a Eva, y él es quien mostró a los hijos de los hombres las plagas de muerte, y el escudo y la coraza y la espada para el combate, y todos los instrumentos de muerte a los hijos de los hombres.

Y de su mano, ellos han salido contra los que habitan el árido, después de este día y por los siglos de los siglos.

El nombre del cuarto es Panemue: éste mostró a los hijos de los hombres lo amargo y lo dulce, y les mostró todos los secretos de su sabiduría [*de los ángeles*].

Éste es el que enseñó a los hombres a escribir con el agua de hollín [*tinta*] y el papiro, y son muchos los que han errado a causa de aquello desde la eternidad hasta la eternidad y hasta este día.

Pues los hombres no han sido puestos en el mundo para tal propósito; para dar prueba de su fe con el cálamo y el agua de hollín.

Pues los hombres han sido creados del mismo modo que los ángeles, con el objetivo de que habiten justos y puros; y la muerte, que todo lo corrompe, no les habría alcanzado; pero, a causa de este conocimiento suyo, perecen, y a causa de este poder, ella [*la muerte*] me devora.

El nombre del quinto es Kasdeya: éste es el que mostró a los hijos de los hombres todas las plagas malas de los espíritus y de los demonios, y la plaga del embrión en el seno para que éste sucumba, y la plaga de la vida, la mordedura de la serpiente y la plaga de calor que llega a mediodía, el hijo de la serpiente cuyo nombre es Tabaet.

Y ésta es la función de Kasbeel, que mostró a los santos la cabeza de juramento, cuando vivía en lo alto, en la gloria, y su nombre es Beqa.

Éste [*Kasbeel*] pidió a Miguel que le mostrase el nombre secreto para que él lo mencionara en el juramento, porque aquellos que han mostrado a los hijos de los hombres todo lo que es secreto tiemblan ante este nombre y ante este juramento.

Y he aquí el poder de este juramento: es fuerte y poderoso, y Él [*Dios*] había depuesto este juramento, Akae, en la mano de Miguel.

Y he aquí los secretos de este juramento [...], y son fuertes por su juramento. Y el Cielo fue suspendido antes de que el mundo fuera creado, y hasta la eternidad.

Y la Tierra ha sido asentada en el agua, y de las secretas [*cavernas*] de las montañas han salido bellas aguas, desde la creación del mundo y hasta la eternidad.

Y por este juramento el mar ha sido creado, y para su hundimiento en el tiempo de la cólera Él le ha dado arena y ella no osa traspasar [*sus límites*] desde la creación del mundo y hasta la eternidad.

Y por este juramento los abismos han sido afirmados, y ellos son estables, y ellos no cambian de lugar desde la eternidad hasta la eternidad.

Y por este juramento el Sol y la Luna cumplen su ruta, y no transgreden sus leyes desde la eternidad hasta la eternidad.

Y por este juramento las estrellas cumplen su curso, y Él las llama por su nombre, y ellas le responden desde la eternidad hasta la eternidad.

Y del mismo modo [*Él llama a*] los espíritus del agua, los vientos y todos los soplos, y sus caminos entre todos los tropeles de espíritus.

Y allí están guardadas la voz del trueno, y la luz del rayo, y allí están guardados los depósitos del granizo, y los depósitos de la helada, y los depósitos de la niebla, y los depósitos de la lluvia y del rocío.

Todos estos son fieles y dan gracias ante el Señor de los espíritus, y ellos [*Le*] alaban con todas sus fuerzas, y su alimento está en toda acción de gracias, y ellos dan gracias, y ellos alaban y exaltan el nombre del Señor de los espíritus por los siglos de los siglos.

Sobre ellos [*los espíritus*] está afirmado este juramento, ellos están guardados por él; sus caminos están guardados, y sus caminos no se corromperán.

Y ellos han experimentado una gran alegría, y ellos han bendecido, y alabado, y exaltado [*al Señor*] porque les había sido revelado el nombre de este Hijo del hombre.

Él se ha sentado sobre este trono de gloria, y la suma del juicio ha sido dada al Hijo del hombre, y él alejará y destruirá a los pecadores ante la faz de la Tierra y [*también*] a los que han seducido al mundo.

Ellos serán atados con cadenas, y en el lugar donde ellos habrán sido reunidos para la destrucción ellos serán encerrados, y todas sus obras desaparecerán de la faz de la Tierra.

Y a partir de entonces no habrá nada corruptible, pues este Hijo del hombre ha aparecido y se ha sentado sobre el trono de su gloria, y todo mal se alejará y se irá de su presencia; pero la palabra de este Hijo del hombre permanecerá ante el Señor de los espíritus. Tal es la tercera parábola de Enoc.

Capítulo LXX
Asunción de Enoc

Y sucedió después que su nombre [*de Enoc*] fue elevado, en vida, cerca de este Hijo del hombre y cerca del Señor de los espíritus, lejos de los que habitan sobre el árido.

Y fue elevado sobre el carro del viento, y el nombre [*de Enoc*] desapareció de entre ellos [*de los que habitan sobre el árido*].

Desde ese día ya no fui contado entre ellos, y Él [*Dios*] me hizo sentar entre dos regiones, entre el norte y el oeste, allí donde los ángeles habían tomado las cuerdas a fin de medir para mí la mansión de los elegidos y de los justos.

Y allí vi a los primeros padres y a los santos que desde la eternidad residen en ese lugar.

Capítulo LXXI
Enoc es admitido a contemplar los secretos y los esplendores de los Cielos. Promesas del Anciano de Días

Ocurrió después que mi alma fue ocultada y subió a los Cielos, y vi a los hijos de los ángeles santos andar sobre llamas de fuego; sus vestidos eran blancos, y también su túnica, y su rostro resplandeciente como el cristal.

Y vi dos ríos de fuego; la luz de este fuego brillaba como el jacinto, y caí sobre mi rostro ante el Señor de los espíritus.

El ángel Miguel, uno de los jefes de los ángeles, me cogió la mano derecha y me levantó y me condujo allí donde están todos los secretos, y me enseñó todos los secretos de misericordia, y me enseñó todos los secretos de la justicia.

Y me enseñó todos los secretos de los confines del Cielo, y todos los depósitos de las estrellas y de todas las luces, por donde nacen en presencia de los santos.

Y él trasladó mi espíritu al Cielo de los Cielos, y vi allí, en medio de la luz, una especie de casa construida de bloques de hielo, y entre esos bloques [*había*] lenguas de fuego vivo.

Mi espíritu vio un círculo que rodeaba de fuego esta casa, desde sus cuatro esquinas hasta esos ríos de fuego vivo que rodeaban esta casa.

Y [*había*] alrededor de ella los serafines y los querubines y los ofanim: éstos son los que no duermen y los que guardan el trono de su gloria [*del Señor*].

Vi ángeles innumerables, miles de miles y miríadas de miríadas, rodear esa casa, y Miguel, y Rafael, y Gabriel, y Fanuel, y una multitud de ángeles santos, innumerables.

Y con ellos [*estaba*] el Anciano de Días; su cabeza era blanca y pura como la lana, así como sus vestidos que eran indescriptibles.

Caí sobre mi rostro, y todo mi cuerpo se fundió y mi alma fue cambiada, y grité en voz alta con un soplo poderoso y bendije y alabé y exalté [*al Señor*].

Y estas bendiciones que salieron de mi boca fueron [*consideradas*] agradables ante este Anciano de Días.

Y este Anciano de Días vino con Miguel y Gabriel, y Rafael y Fanuel, y miles y miríadas de ángeles innumerables.

Y él [*un ángel*] vino a mí, y me saludó con la voz y me dijo: «Tú eres el Hijo del hombre que ha sido engendrado por la justicia, y la justicia permanece sobre ti, y la justicia del Anciano de Días no te abandonará».

Y me dijo: «Él [*Dios*] llamará sobre ti a la paz en nombre del siglo que ha de venir, porque de allí ha salido la paz desde la creación del mundo, y así ella estará sobre ti por siempre jamás y por los siglos de los siglos.

»Y toda [*paz*] andará sobre tu camino, mientras que la justicia no te abandonará jamás; contigo estará su residencia y contigo su parte, y de ti no se apartarán, por siempre jamás y por los siglos de los siglos.

»Y sucederá así largos días con este Hijo del hombre, y la paz será para los justos, y la vía recta para los justos, en nombre del Señor de los espíritus por los siglos de los siglos».

Libro del cambio
de las luminarias del Cielo

(Caps. LXXII-LXXXII)

✝ ✝ ✝ ✝

Capítulo LXXII
La ley del Sol

Libro del cambio de las luminarias del Cielo, de cómo son cada una, según sus géneros, según su poder y según su tiempo, cada una según su nombre y el lugar de su nacimiento, y según sus meses; que me hizo ver Uriel, el ángel santo que estaba conmigo, que es su guía, y me hizo ver todo su escrito como está, según todos los años del mundo y hasta la eternidad, hasta que sea hecha la nueva obra que permanecerá hasta la eternidad.

He aquí la primera ley de las luminarias: la del Sol. Su nacimiento está en las puertas del Cielo situadas del lado del este, y su puesta en las puertas del Cielo que están en el oeste.

Y he visto seis puertas que están donde el Sol nace y seis puertas que están donde el Sol se pone; y la Luna nace y se pone por esas puertas, así como los guías de las estrellas con los que las conducen. Hay seis [*puertas*] en el este y seis en el oeste, y todas están la una tras la otra en buen orden, y hay numerosas ventanas a derecha e izquierda de esas puertas.

La más grande luminaria, cuyo nombre es Sol, nace la primera, y su órbita es como la órbita del Cielo, y está lleno de un fuego que ilumina y abrasa.

El viento sopla sobre el carro en el que él está montado, y el Sol se pone [*y desaparece*] del Cielo y vuelve hacia el norte para ir al este, y es conducido de manera que entre por la puerta [*que le está asignada*] y que brille [*de nuevo*] sobre el rostro de los Cielos.

Así nace en el primer mes por la puerta grande; y nace por la cuarta de esas seis puertas que están en el este.

En esta cuarta puerta por donde sale el Sol durante el primer mes hay doce ventanas abiertas, por donde sale una llama cuando se abre a su tiempo.

Cuando el Sol nace en el Cielo, sale por esta cuarta puerta durante treinta mañanas, y por la cuarta puerta, la oeste del Cielo, desciende regularmente.

Y en ese tiempo, el día es más largo que el día [*precedente*], y la noche es más corta que la noche [*precedente*] durante treinta mañanas.

En ese tiempo, el día es más largo que la noche por dos novenas partes; y el día es exactamente de diez partes [*es decir, novenas*], y la noche es exactamente de ocho partes.

Y el Sol nace por esta cuarta puerta y se pone por la cuarta y vuelve a la quinta puerta en el este durante treinta mañanas, y nace por esta puerta y se pone por la quinta puerta.

El día, pues, es más largo en dos partes, y el día es de once partes; la noche es más corta y es de siete partes. Y él vuelve al este y entra en la sexta puerta, y nace y se pone por la sexta puerta durante treinta y una mañanas, a causa de su signo.

Y en ese tiempo el día es más largo que la noche, el día es el doble que la noche, y el día es de doce partes; y la noche es más corta, y es de seis partes.

Y el Sol se eleva de manera que el día llega a ser más corto, y la noche más larga; y el Sol vuelve al este y entra en la sexta puerta y por ella nace y se pone durante treinta mañanas.

Y cuando las treinta mañanas han pasado, el día disminuye en una parte exactamente, y el día es de once partes y la noche de siete partes.

Y el Sol sale del oeste por esa sexta puerta, y va al este, y nace por la quinta puerta durante treinta mañanas y se pone en el oeste de nuevo por la quinta puerta del oeste [*sic*].

En esa época, el día disminuye en dos partes y el día es de diez partes y la noche de ocho partes.

Y el Sol nace por esta quinta puerta y se pone por la quinta puerta del oeste, y nace por la cuarta puerta a causa de su signo, durante treinta y una mañanas, y se pone por el oeste.

En esa época el día es igual a la noche y [*él*] llega a ser igual, y la noche es de nueve partes, y el día de nueve partes.

Y el Sol nace por esa puerta y se pone por el oeste, y vuelve al este y nace por la tercera puerta durante treinta mañanas y se pone por el oeste por la tercera puerta.

Y en esa época, la noche es más larga que el día, y la noche es más larga que la noche [*precedente*], y el día es más corto que el día [*precedente*] hasta la trigésima mañana, y la noche es de diez partes exactamente y el día de ocho partes.

Y el Sol nace por esa tercera puerta y se pone por la tercera puerta en el oeste; y vuelve a salir por el este, y el Sol sale por la segunda puerta en el este durante treinta mañanas, igualmente se pone por la segunda puerta al oeste del Cielo.

Y en esa época, la noche es de once partes y el día de siete partes.

Y el Sol nace en esa época por esa segunda puerta, y se pone en el oeste por la segunda puerta, y vuelve al este por la primera puerta durante treinta y una mañanas, y se pone por la primera puerta al oeste del Cielo.

Y en ese tiempo, la noche llega a ser más larga y es dos veces el día, y la noche es doce partes exactamente, y el día seis partes.

Y el Sol ha cumplido [*el recorrido*] de sus secciones, y de nuevo vuelve sobre sus secciones y entra en todas sus puertas durante treinta mañanas y se pone al oeste en las regiones correspondientes.

Y en esa época la noche disminuye en una novena parte [*es decir, en una parte*] su duración, y la noche es de once partes y el día de siete partes.

Y el Sol ha vuelto y ha entrado en la segunda puerta del este, y vuelve sobre sus secciones: durante treinta mañanas nace y se pone.

Y en ese tiempo, la noche disminuye de duración, y la noche es de diez partes, y el día es de ocho partes.

En ese tiempo, el Sol nace por esa segunda puerta y se pone en el oeste y vuelve al este, y nace por la tercera puerta durante treinta y una mañanas, y se pone al oeste del Cielo.

Y en ese tiempo, la noche disminuye y es de nueve partes y el día es de nueve partes, y la noche es igual al día y el año es exactamente de trescientos sesenta y cuatro días.

La duración del día y de la noche y la brevedad del día y de la noche están diferenciadas por el curso del Sol.

Por eso es por lo que su curso es más largo de día en día, y más corto de noche en noche.

Y he ahí la ley y el curso del Sol y su vuelta, cuando sesenta veces él vuelve y nace, esa gran luminaria que se llama el Sol por los siglos de los siglos.

Y lo que nace, es la gran luminaria; y es nombrada según su propia apariencia, como lo ha ordenado el Señor.

Como nace, así se pone, y no disminuye ni reposa, sino que corre el día y la noche, y su luz brilla siete veces más que la de la Luna, pero las dimensiones de los dos son iguales.

Capítulo LXXIII
Primera ley de la Luna: sus fases

Tras esa ley vi una segunda ley, [*la*] de la pequeña luminaria cuyo nombre es Luna.

Su órbita es como la órbita del Cielo y el viento sopla sobre el carro en el que está montada, y la luz le es dada con mesura.

Y durante todo el mes su nacimiento y su puesta cambian, y sus días son como los días del Sol, y cuando su luz llega a ser igual [*es decir, completa*], ella es la séptima parte de la luz del Sol.

Y así nace: su cabeza [*su primer cuarto*] nace del lado del este el trigésimo día, y en esa época aparece y ella es para vosotros el principio del mes el trigésimo día, con el Sol, por la puerta por donde nace el Sol.

Y su mitad es visible en un séptimo, y todo [*el resto de*] su disco está vacío, sin luz, salvo la séptima parte [*de la mitad*], la decimocuarta parte de [*toda*] su luz.

Y en el tiempo en que ella toma un séptimo y medio de su luz, su luz es la parte y media [*del todo*].

Se pone con el Sol, y cuando el Sol nace la Luna nace con él, y ella toma una media parte de luz, y en esa noche al principio de su mañana, al principio del día lunar, la Luna se pone con el Sol y está en la oscuridad durante esa noche en trece partes y media.

Y brilla en esa época con un séptimo [*de la mitad*] exactamente, y nace y se inclina al este del Sol y brilla durante el resto de sus días en las trece [*otras*] partes.

Capítulo LXXIV
Segunda ley de la Luna: el año lunar

He visto un segundo ciclo y [*otra*] ley: por esta ley ella cumple el ciclo de los meses.

Y Uriel me hizo ver todo eso, el ángel santo que es la guía de todo, y he descrito su posición tal como él me la ha enseñado, y he descrito sus meses, cómo son, y el aspecto de su luz hasta que el quinceavo día se cumpla.

Por séptimos, ella cumple toda su luz al este; y por séptimos ella cumple toda su oscuridad al oeste.

Y en meses determinados, ella cambia su puesta; y en meses determinados ella cumple cada uno de sus cursos.

Durante dos meses, se pone con el Sol por estas dos puertas que están en el medio, por la tercera y la cuarta puerta.

Ella sale durante siete días, y ella va y vuelve de nuevo por la puerta por donde sale el Sol; y [*entonces*] ella cumple toda su luz [*luna llena*]; después ella se aleja del Sol, y entra durante ocho días por la sexta puerta donde sale el Sol.

Y mientras el Sol sale por la cuarta puerta, ella sale durante siete días [*por la misma puerta*] hasta que sale por la quinta, y de nuevo ella vuelve durante siete días por la cuarta puerta y ella cumple toda su luz [*luna llena*], y ella se aleja y ella entra por la primera puerta durante ocho días.

Y de nuevo ella vuelve durante siete días por la cuarta puerta por la cual sale el Sol.

Así yo he visto su posición, cómo las lunas salen y el Sol se pone.

En estos días, se suma cinco años, y hay treinta días de excedente para el Sol; y todos los días que cuenta uno de estos cinco años, cuando están completos, son trescientos sesenta y cuatro días.

Y viene el excedente del Sol y de las estrellas [*que es*] de seis días; por cinco años, [*estos*] seis llegan a [*hacer*] treinta días; [*el curso de*] la Luna es, pues, inferior en treinta días al del Sol y las estrellas.

Y la Luna conduce todos los años exactos según su posición por la eternidad; ellas no se adelantan ni se atrasan de un día, pero ellas [*las lunas*] cambian el año con una rectitud absoluta cada trescientos sesenta y cuatro días.

[*Hay, pues,*] por tres años [*solares*] mil noventa y dos días, y por cinco años mil ochocientos veinte días, de manera que hay por ocho años dos mil novecientos doce días.

Para la Luna sola sus días llegan en tres años [*lunares*] a mil sesenta y dos días, y en cinco años es menor de cincuenta días: pues a su salida [*es decir, al total de días de cinco años*] se añaden mil sesenta y dos días.

Y en cinco años hay mil setecientos setenta días, de forma que hay para la Luna durante ocho años, dos mil ochocientos treinta y dos días.

Pues faltan para ocho años ochenta días; todos los días que faltan para ocho años son ochenta.

Y el año se cumple regularmente según la posición de su mundo [*el de las lunas*], y la posición del Sol, que salen [*el Sol y la Luna*] a las puertas por las cuales [*el Sol*] sale y se pone durante treinta días.

Capítulo LXXV
Los días intercalados. El ángel Uriel encargado de los astros. Las puertas del Sol

Los jefes de los líderes de mil que se encargan de toda criatura y todas las estrellas, también se encargan de los cuatro [*días*] intercalares, los cuales forman parte inseparable de su función, según el cómputo del año, y ellos prestan servicio en los cuatro días que no se cuentan dentro del cómputo del año.

Y por este motivo los hombres yerran por su causa, pues estas luminarias sirven exactamente las estaciones del mundo, una por la primera puerta y una por la tercera puerta, una por la cuarta puerta y una por la sexta puerta, y la armonía del mundo se cumple en trescientas sesenta y cuatro estaciones del mundo.

Pues los signos, los tiempos, los años y los días me hizo ver Uriel, el ángel a quien el Señor de la gloria ha confiado la dirección sobre todas las luces, del Cielo y en el mundo, para que el Sol, la Luna y las estrellas y todas las criaturas que sirven, que dan vueltas sobre todos los carros del Cielo, reinen en la faz del Cielo y sean vistos desde la tierra y sean los guías del día y de la noche.

Uriel me hizo ver igualmente doce puertas abiertas en la órbita del carro del Sol en los Cielos; por ellas salen los rayos del Sol, y por ellas se expande el calor sobre la Tierra cuando están abiertas en los tiempos que les están asignados.

Y [*ellas sirven también*] a los vientos y al espíritu del rocío, cuando ellas están abiertas, abiertas en los Cielos, en los confines.

Doce puertas he visto de los Cielos a los confines de la Tierra: de ellas salen el Sol, la Luna y las estrellas y toda obra del Cielo del este al oeste.

Y hay numerosas ventanas abiertas a derecha e izquierda, y cada ventana esparce el calor en su tiempo; ellas corresponden a estas puertas por las que salen las estrellas como Él [*Dios*] les ha ordenado, y por las cuales ellas se ponen según su número.

Y yo he visto en los Cielos carros que recorren el mundo por encima de esas puertas; en esos [*carros*] ruedan las estrellas que no se ponen.

Y hay uno más grande que todos, es el que da la vuelta al mundo entero.

Capítulo LXXVI
Los doce vientos y sus puertas

En los confines de la Tierra, he visto doce puertas abiertas para todos los vientos; de ellas salen los vientos y desde ellas soplan sobre la Tierra.

Tres de ellas están abiertas sobre el rostro del Cielo y tres al oeste; tres a la derecha del Cielo y tres a la izquierda.

Y las tres primeras son las que están en el este, y hay tres al norte, y las tres siguientes son las que están en el sur, y hay tres en el oeste.

Por cuatro de ellas salen vientos de bendición y de salvación, y por [*las otras*] ocho salen vientos de castigo; cuando son enviados, llevan la ruina a toda la Tierra, y el agua que está sobre ella, y a todos los que la habitan y a todos los que están en el agua sobre el árido.

El primer viento, que es el oriental, sale por estas puertas, por la primera puerta que está por el lado del este y [*que*] se inclina hacia el sur; por ella salen la desolación del árido, y el calor, y la ruina.

Y por la segunda puerta, la del medio, sale lo que es adecuado, y por ella salen la lluvia, y el fruto, y la salvación, y la escarcha. Y por la tercera puerta, del lado del norte, salen el frío y la sequía.

Y tras éstos, salen los vientos del sur por tres puertas: el primero, por la primera de estas puertas que se inclina del lado del este, sale como viento de calor.

Y por la puerta central que está a su lado, salen los buenos olores, y el rocío, y la lluvia, y la salvación, y la vida.

Y por la tercera puerta que está del lado del oeste, salen el rocío, y la lluvia, y los saltamontes y la desolación.

Y tras éstos, [*vienen*] los vientos del norte, [*cuyo nombre es mar, y*] por la séptima puerta que está en el este vienen el rocío y la lluvia, los saltamontes y la ruina.

Y de la puerta derecha del medio salen la vida, y la lluvia, y el rocío, y la salvación. Y por la tercera puerta que está al oeste [*que se inclina al norte*] salen las nubes, y la escarcha, y la nieve, y la lluvia, y el rocío, y los saltamontes.

Tras éstos [*vienen*] los [*cuatro*] vientos del oeste. Por la primera puerta que está del lado del norte salen el rocío, y la nieve, y el frío, y la escarcha, y el fresco.

Por la puerta del medio salen el rocío y la lluvia, la salvación y la bendición; y por la última puerta que está al sur salen la sequía y la ruina, y el calor y la perdición.

Y se han acabado las doce puertas de los cuatro vientos de los Cielos, y te he enseñado toda su ley, y todo su castigo, y toda su salvación, ¡oh, hijo mío, Matusalén!

Capítulo LXXVII
Las cuatro regiones del universo. Las siete montañas. Los siete ríos. Las siete islas

Se llama a la primera región oriental, porque es la primera. Se llama a la segunda el sur, porque el Altísimo desciende de allí, y el eternamente bendito desciende, sobre todo, allí.

A la región del poniente se le llama la imperfecta, porque allí son disminuidas y descienden todas las luces del Cielo.

La cuarta región, cuyo nombre es norte, se divide en tres partes: la primera de ellas es la morada de los hombres, la segunda está en los mares de las aguas, y en los abismos, y en los bosques, y en los ríos, y en las tinieblas, y en las nubes, y la tercera parte está en el Jardín de la Justicia.

He visto siete altas montañas, más altas que todas las montañas que están sobre la Tierra; de ellas viene la helada; y los días y los tiempos y el año pasan.

He visto siete ríos sobre la tierra, más grandes que todos los ríos; uno de ellos viene del oeste, en el gran mar desembocan sus aguas.

Y los dos [*restantes*] van del norte hasta el mar, y desembocan en el mar Eritrea, en el este.

Y los otros cuatro salen del lado del norte hasta su mar: [*dos hasta*] el mar Eritrea y dos en el gran mar; desembocan allí [*otros dicen: en el desierto*].

Siete grandes islas he visto en el mar y cerca de la tierra; dos cerca de la tierra y cinco en alta mar.

Capítulo LXXVIII
El Sol y la Luna

He aquí los nombres del Sol: uno es Oryares y el otro Tomás.

Y la Luna tiene cuatro nombres: su primer nombre es Asonya, y el segundo Ebela, y el tercero Benase, y el cuarto Erae.

Éstas son las dos grandes luminarias; su órbita es como la órbita del Cielo, y las proporciones de sus dos órbitas son iguales.

En el disco del Sol hay siete partes de luz que le son añadidas de más que a la Luna; y con mesura ella [*la luz*] es puesta [*en la Luna*] hasta que pasa a la séptima parte del Sol.

Y [*las dos luminarias*] se ponen y entran en las puertas del oeste, y dan la vuelta por el norte, y por las puertas del este nacen sobre la faz del cielo. Y cuando la Luna nace, aparece en el cielo, y tiene la mitad de un séptimo de luz, y en catorce [*días*] cumple toda su luz.

Y quince partes de luz son puestas en ella: en quince días, su luz se cumple según el signo del año y es de quince partes, y la Luna crece [*literalmente, se hace*] por media séptima parte.

Y en su decrecimiento, el primer día decrece a catorce partes de su luz; y el segundo, decrece a trece partes, hasta el quinceavo en el que es consumido todo lo que restaba del todo.

Y en meses determinados, ella es de veintinueve días al menos, y hay algunos en que ella es de veintiocho días.

Uriel me hizo ver otra ley: cuándo la luz es transferida a la Luna, y de qué lado le es transferida por el Sol.

Todo el tiempo que la Luna progresa [*y anda*], proyecta su luz ante el Sol; y en catorce días su luz es completa, y cuando está enteramente abrazada, su luz es completa en el Cielo.

El primer día es llamada Luna nueva, porque en este día su luz se eleva por encima de ella.

Y es completa exactamente en el tiempo en que el Sol desciende en el poniente y en que ella sube del este durante la noche, y la Luna brilla durante toda la noche hasta que el Sol nace frente a ella y que la Luna aparece frente al Sol.

Por donde empieza [*literalmente, sale*] la luz de la Luna, por allí ella decrece de nuevo hasta que toda su luz sea consumida y que los días del mes pasen y que su disco esté vacío, sin luz.

Y durante tres meses ella hace treinta días a su tiempo, y durante tres meses ella actúa durante veintinueve días; en esos días es cuando opera su decrecimiento en el primer tiempo y por la primera puerta en ciento setenta y siete días.

Y en el tiempo de su nacimiento, durante tres meses aparece durante treinta días, y durante tres meses aparece por veintinueve días.

En la noche ella aparece durante veinte días como un hombre; y en el día, como el Cielo; porque ella no tiene otra cosa que su luz.

Capítulo LXXIX
Resumen de las leyes de los astros

Y ahora, hijo mío, te he enseñado todo y la ley de todas las estrellas en los Cielos ha sido completada.

Él me ha enseñado, pues, todas sus leyes por todos los días, y por todos los tiempos que ejercen el poder, y por todo el año y por su fin, y por las reglas de todos los meses y todas las semanas.

Y el decrecimiento de la Luna que se hace por la sexta puerta, porque por esta sexta puerta su luz se completa, y por ella tiene lugar el principio del decrecimiento.

Y el decrecimiento que se hace por la primera puerta y a su tiempo, hasta que se cumplan ciento setenta y siete días, o según la ley de la semana, veintinueve [*semanas*] y dos días.

Y [*me ha enseñado*] que [*la Luna*] se retrasa sobre el Sol y según la ley de las estrellas exactamente cinco días en un tiempo, y [*me ha enseñado*] cuán perfecto es este lugar que tú ves.

Tales son la visión y la imagen de toda luz que me ha enseñado Uriel, el gran ángel que es su guía.

Capítulo LXXX
Prodigios de los últimos días. Castigo de los pecadores

Y en esos días, Uriel el ángel, me dirigió la palabra y me dijo: «He aquí que te he enseñado todo, Enoc, y te he revelado todo para que veas este Sol y esta Luna, y los que guían las estrellas de los Cielos y los que las hacen rodar, su obra y su tiempo y su nacimiento.

»En los días de los pecadores los años serán abreviados, y su simiente se retrasará sobre su Tierra y sobre sus campos; y será cambiada toda obra sobre la Tierra y no surgirá nada más a su tiempo, y la lluvia será retenida, y el Cielo [*la*] parará.

»Y en ese tiempo el fruto de la Tierra será retrasado, y no crecerá más a su tiempo, y el fruto de los árboles será detenido.

»Y la Luna cambiará su ley y no aparecerá más a su debido tiempo.

»Y en esos días aparecerá en el Cielo y llegará la esterilidad sobre lo alto [*literalmente, en la extremidad*] de un gran carro en el oeste, y brillará extraordinariamente, más de [*lo que quiere*] la ley de la luz.

»Y muchos de los jefes de las estrellas del orden errarán, y éstos cambiarán sus caminos y su obra, y no aparecerán en los tiempos que les han sido prescritos.

»Y todas las leyes de las estrellas serán cerradas para los pecadores, y los pensamientos de los que viven sobre la Tierra errarán a este respecto, y saldrán de todos su caminos y errarán y las mirarán [*a las estrellas*] como a dioses.

»Y el mal se multiplicará contra ellos y el castigo vendrá sobre ellos para aniquilarlos a todos».

Capítulo LXXXI
Las tablillas del Cielo. Misión de Enoc

Y él me dijo: «Mira, Enoc, las tablillas del Cielo, y lee lo que está escrito en ellas y comprenderás todo distintamente».

Y miré las tablillas del Cielo y leí lo que estaba escrito y lo comprendí todo, y leí el libro de todas las obras de los hombres y de todos los hijos de carne que están sobre la Tierra hasta las generaciones eternas.

Y enseguida bendije al Señor grande, Rey de gloria por la eternidad, porque ha hecho a todas las criaturas del mundo, y alabé al Señor por su paciencia, y le bendije por los hijos de Adán.

Y entonces dije: «Dichoso el hombre que muera justo y bueno, y contra el cual no esté escrito ni sea encontrado un libro de injusticia el día del Gran Juicio».

Y esos siete santos me llevaron y me depositaron sobre la Tierra ante la puerta de mi casa, y me dijeron: «Da a conocer todo a Matusalén, tu hijo, y enseña a todos sus hijos que ningún ser de carne es justo ante el Señor, porque Él es su creador.

»Nosotros te dejaremos un año al lado de tu hijo hasta que repongas fuerzas para instruir a tus hijos y escribir para ellos y atestiguar a todos tus hijos, y en el segundo año se te retirará de entre ellos.

»Que tu corazón sea fuerte, porque los buenos enseñarán la justicia a los buenos, el justo se alegrará con los justos y ellos se saludarán entre ellos.

»Pero el pecador morirá con el pecador, y el apóstata será sumergido con el apóstata.

»Y los que cumplan la justicia morirán por obra de los hombres y serán reunidos por obra de los malvados».

Y en esos días cesaron de hablar conmigo y entré en casa de los míos bendiciendo al Señor del mundo.

Capítulo LXXXII
Recomendaciones a Matusalén. Los días intercalados. Los astros y sus guías

Ahora, oh hijo mío Matusalén, te digo todas estas cosas y [*las*] escribo para ti, y te he revelado todo, y te he dado los libros [*que rememoran*] todas estas cosas. Guarda, oh hijo mío, el libro de la mano de tu padre, e igualmente dalo a las generaciones del mundo.

Te he dado la sabiduría, a ti y a tus hijos y a los hijos que tendrás, para que ellos den a sus hijos de las generaciones [*por venir*] esa sabiduría por encima de sus pensamientos.

Y los que la comprenden no duermen, sino que prestan el oído para aprender esta sabiduría; y ella es más útil a los que comen [*de ella*] que cualquier alimento exquisito.

Dichosos todos los justos, dichosos todos los que andan por el camino de la justicia y que no pecan como los pecadores, en el cálculo de todos sus días, durante los que el Sol anda en los Cielos, entra y sale por las puertas durante treinta días, con los jefes de los mil del orden de las estrellas, con los cuatro que son añadidos, que hacen la separación entre las cuatro partes del año, que los guían y que entran con ellas dentro de los cuatro días [*suplementarios*].

Sobre ellos los hombres yerran y no los cuentan dentro del cómputo del tiempo entero, porque los hombres yerran respecto a este asunto y no los conocen exactamente.

Porque ellos pertenecen al cómputo del año, y están realmente asignados para la eternidad, uno a la primera puerta, uno a la tercera, uno a la cuarta y uno a la sexta; y el año está completo en trescientos sesenta y cuatro [*días*].

Pues verdadera es su palabra [*de Uriel*] y exacto su cómputo que está inscrito; porque Uriel me ha mostrado las luces, y los meses, y las fiestas, y los años, y los días, y él ha insuflado sobre mí lo que le ha encargado para mí el Señor de toda criatura del mundo tocando el ejército del Cielo.

Y él tiene el poder sobre la noche y sobre el día en el Cielo, para hacer brillar la luz sobre los hombres: el Sol, y la Luna, y las estrellas, y todas las potencias de los Cielos que giran sobre su órbita.

Y tal es la ley de las estrellas que se ponen en sus lugares, en sus tiempos, en sus fiestas y en sus meses.

Y he aquí los nombres de los que las guían, de los que velan y entran en su tiempo, que las guían en sus lugares, y según sus leyes, y a sus épocas, y en sus meses, y según su potencia y dentro sus estaciones.

Sus cuatro guías entran en principio, separan las cuatro partes del año, y enseguida los doce jefes de órdenes que separan los meses; y por los trescientos sesenta [*días*], hay los jefes de los mil que distinguen los días; y por los cuatro que le son añadidos, hay los que distinguen en calidad de guías las cuatro partes del año.

Estos jefes de los mil están intercalados entre el guía y el guiado, cada uno después de una estación, y sus guías separan [*las estaciones*].

Y he aquí los nombres de los guías que separan las cuatro partes del año fijadas: Melkiel, Elimelek, Melayal y Narel.

Y los nombres de los que los guían son: Adnarel, Iyasusael e Iyelumiel; estos tres son los que siguen a los jefes de órdenes, y hay uno que viene detrás de los tres jefes de órdenes que siguen a los jefes de las estaciones que separan a las cuatro estaciones del año.

Al principio del año se levanta el primero y reina Melkiel, cuyo nombre es Tamani y Sol; y todos los días que están en su poder, sobre los cuales él domina son [*en número de*] noventa y un días. Y he aquí los signos de los días que aparecen sobre la Tierra durante su gobierno: calor, conflagración y calma; y todos los árboles llevan frutos, y las hojas crecen sobre todos los árboles, y la mies del trigo, y la flor de la rosa, y todas las flores que crecen en los campos, y los árboles de invierno se secan.

He aquí los nombres de los guías que están por encima de él: Berkiel, Zalbesael, y el otro jefe de los mil que está añadido, por el cual se terminan los días de su poder, tiene por nombre Heloyaseph.

El otro guía que viene después de él es Elimelek que es llamado también Sol Brillante, y todos los días de su luz son [*en número de*] noventa y un días.

Y he aquí los signos de [*estos*] días sobre la Tierra: calor y sequedad, los árboles maduran sus frutos y dan todos sus frutos maduros y a punto; los rebaños se unen y ellas conciben, y se recogen todos los frutos de la tierra y todo lo que hay en los campos y al prensado del vino; y esto tiene lugar en los días de su gobierno. Y he aquí los nombres y los órdenes y los guías de los jefes de los mil: Gedael, Keel y Heel; y el nombre de los jefes de los mil que le está añadido es Asfael; y los días de su poder son terminados.

Libro de los sueños
(Caps. LXXXIII-XC)

✛ ✛ ✛ ✛

Capítulo LXXXIII
Primer sueño de Enoc. Su abuelo Malaleel se lo explica

Y ahora, pues, te voy a mostrar, hijo mío Matusalén, todas las visiones que he visto, te las voy a contar a ti.

Yo vi dos visiones antes de casarme, y una no se parecía a la otra: la primera cuando yo aprendía a escribir, y la segunda antes de tomar a tu madre; vi una visión terrible y respecto a ella yo supliqué al Señor.

Yo estaba dormido en la casa de Malaleel, mi abuelo; y vi en visión el Cielo abatido, elevado y cayendo sobre la Tierra.

Y cuando él cayó sobre la Tierra, vi la Tierra engullida por un gran abismo, las montañas suspendidas sobre las montañas, las colinas abatiéndose sobre las colinas, y los grandes árboles separados de sus troncos, proyectados y sumergidos en el abismo.

Entonces una palabra cayó en mi boca, y yo elevé [*la voz*] para gritar, y dije: «La Tierra está destruida». Entonces Malaleel, mi abuelo, me despertó, ya que estaba acostado cerca de él, y me dijo: «¿Por qué gritas así, hijo mío, y por qué gimes tú por el destino?».

Entonces le conté toda la visión que había tenido, y me dijo: «Igual que tú has visto una cosa terrible, hijo mío, y que es terrible la visión de tu sueño sobre los misterios de todos los misterios de los pecados de la Tierra, así ella [*la Tierra*] está a punto de ser tragada por los abismos, y de ser arruinada por una gran ruina.

»Ahora, hijo mío, levántate y ruega al Señor de la gloria, ya que tú eres fiel, para que permanezca un resto sobre la Tierra y que Él [*Dios*] no aniquile completamente a la Tierra.

»Hijo mío, todo eso debe venir del Cielo sobre la Tierra, y habrá sobre la Tierra una gran ruina».

Entonces me levanté, y recé, y supliqué, y pedí, y escribí mi oración para las generaciones del mundo, y te enseñaré todo, Matusalén, hijo mío.

Así cuando bajé y vi el Cielo, y el Sol nacer por el este, y la Luna descender al oeste, y extrañas estrellas, y toda la Tierra, y todo lo que Él ha hecho al principio, bendije al Señor del juicio, y le exalté, porque hace nacer al Sol por las ventanas del este, de manera que suba, y que brille en la faz del Cielo, y que se ponga en camino para recorrer el camino que le ha sido enseñado.

Capítulo LXXXIV
Enoc pide a Dios que no aniquile su posteridad

Y elevé mis manos en la justicia, y bendije al Santo y Grande, y hablé por el soplo de mi boca, y con la lengua de carne que Dios ha hecho a los hijos de carne del hombre, a fin de que se sirvan de ella para hablar y les ha dado un soplo, y una lengua, y una boca para que hablen con ellas:

«Bendito seas, oh Señor, rey grande y fuerte en tu grandeza, Señor de toda criatura celeste, Rey de reyes, y Dios de todo el universo. Tu imperio y Tu realeza y Tu grandeza permanecen por siempre jamás y por los siglos de los siglos, y Tu poder por todas las generaciones de las generaciones. Todos los Cielos son Tu trono para la eternidad, y la Tierra entera es el escabel de Tus pies por siempre jamás y por los siglos de los siglos.

»Porque eres Tú quien ha hecho y quien domina todas las cosas, y no hay obra que sea difícil para Ti, y no hay ninguna que lo sea; y no te falta ninguna sabiduría ni se aparta de su vida [*que es*] Tu trono, ni de Tu rostro. Y Tú conoces, y ves, y oyes todo, y no hay nada que te esté oculto, porque ves todas las cosas.

»Y ahora, pues, los ángeles de tus Cielos pecan, y sobre la carne del hombre se ejerce Tu cólera hasta el gran día del Juicio.

»Y ahora, pues, Dios, Señor y Rey grande, te suplico y te pido que aceptes mi oración: que me dejes una posteridad sobre la Tierra, y no aniquiles toda carne humana, y no vacíes la Tierra, y que la destrucción no sea eterna.

»Y ahora, pues, oh Señor mío, extermina de la Tierra la carne que te ha irritado, pero la carne de la justicia y de la rectitud, haz con ella una planta cuyo germen sea eterno, y no se oculte su rostro a la petición de tu servidor, oh Señor».

Capítulo LXXXV
Segundo sueño de Enoc. Historia del Mundo

Y tras eso vi otro sueño, y todo ese sueño te lo voy a contar, oh hijo mío.

Entonces Enoc elevó [*la voz*] y dijo a su hijo Matusalén: «Quiero hablarte, a ti, hijo mío; escucha mi palabra, y presta atención a la visión del sueño de tu padre.

»Antes de tomar a tu madre Edna, vi una visión sobre mi lecho, y era ésta: un toro salía de la Tierra, y ese toro era blanco. Tras él salía una becerra, y con ella salían dos terneros de los cuales uno era negro y otro rojo.

»Así, pues, el ternero negro pegó al rojo y le persiguió sobre la Tierra, y desde entonces no pude ver a ese ternero rojo.

»Después el ternero negro creció, y esa becerra fue con él y vi salir de él numerosos toros que se le parecían y le seguían por detrás.

»Y esta becerra, la primera, se alejó del primer toro para buscar al becerro rojo, y no lo encontró, y ella arrojó sobre él una gran lamentación, y ella lo buscó. Y yo vi hasta que sobrevino el primer toro y la hizo callar, y no volvió a gritar más.

»Ella parió a continuación otro toro blanco, y después de éste, ella parió numerosos toros y becerras de color negro.

»Y yo vi en mi sueño a este toro blanco crecer igualmente y llegar a ser un gran toro blanco y de él salieron numerosos toros blancos que se le parecieron.

»Y ellos comenzaron a engendrar numerosos toros blancos que se les parecían y se seguían el uno al otro».

Capítulo LXXXVI
Continuación de la Historia del Mundo.
Las estrellas y los toros

Y yo vi aún más con mis ojos en mi sueño, vi el Cielo en lo alto, y he aquí que una estrella cayó del Cielo, y ella se elevó y comió, y ella pasó en medio de estos toros.

Yo vi a continuación a los toros grandes y a los [*toros*] negros, y he aquí: ellos cambiaron todos sus establos y sus pastos y sus becerros, y se pusieron a vivir uno con el otro.

Y yo aún vi más en visión, y yo miré al Cielo, y he aquí: yo vi numerosas estrellas descender y lanzarse desde lo alto del Cielo junto a esta primera estrella, y en medio de estos becerros ellas se convirtieron en toros, y con ellos pacían entre ellos.

Y los miré, y vi, y helo aquí: todos sacaron su miembro sexual como caballos y se pusieron a montar sobre las becerras de los toros, y todas concibieron y engendraron elefantes, camellos y asnos.

Y todos los toros los tenían y se espantaron por su causa; y ellos [*los elefantes, camellos y asnos*] se pusieron a morder con sus dientes y a devorar y a cornear. Y se pusieron, pues, a devorar a los toros, y he aquí: todos los hijos de la Tierra empezaron a temblar y a espantarse ante ellos y a huir.

Capítulo LXXXVII
Aparición de siete hombres blancos

Y vi de nuevo cómo empezaban a pegarse el uno al otro, y a devorarse el uno al otro, y la Tierra se puso a gritar.

Después elevé de nuevo mis ojos al Cielo, y vi una visión, y hela aquí: salieron del Cielo seres parecidos a hombres blancos, y cuatro salieron de ese lugar, y [*otros*] tres con ellos.

Así esos tres que salieron en último lugar me cogieron por la mano, y me llevaron por encima de la generación terrestre, y me llevaron a un lugar elevado y me enseñaron una torre elevada [*por encima*] de la Tierra y todas las colinas eran pequeñas [*a su lado*].

Y ellos me dijeron: «Permanece aquí hasta que hayas visto todo lo que sucederá a estos elefantes, camellos y asnos, y a las estrellas, y a las becerras, y a todos ellos».

Capítulo LXXXVIII
Los ángeles buenos castigan a los ángeles malos

Y vi a uno de los cuatro que habían salido al principio coger la primera estrella que había caído del Cielo, y ligarle las manos y los pies, y lanzarla al abismo, y ese abismo era estrecho y profundo, escarpado y sombrío.

Después uno de ellos sacó la espada y se la dio a los elefantes, a los camellos y a los asnos, y empezaron a pegarse entre ellos y toda la Tierra tembló a causa de esto.

Y cuando yo veía [*aún*] la visión, he aquí que uno de los cuatro que habían salido lanzó una piedra del Cielo, y fue y tomó a todas las grandes estrellas cuyo miembro sexual era como el de los caballos, y él [*el ángel*] las ató a todas por las manos y por los pies, y las lanzó en un abismo de la Tierra.

Capítulo LXXXIX
Historia del mundo desde Noé.
Los setenta pastores de Israel

Entonces uno de los cuatro fue hacia ese toro blanco y le enseñó un secreto sin que él temblase. Él había nacido toro, y se había convertido en hombre, y se construyó una gran barca y permaneció en ella; y tres toros permanecieron con él en esta barca, y ella fue cubierta por ellos.

Elevé de nuevo mis ojos del lado del Cielo y vi un techo elevado, y sobre ese techo siete cataratas, y esas cataratas manaban en un cercado [*en masas*] de aguas abundantes.

Y vi de nuevo, y he aquí que esos manantiales se abrieron sobre el suelo en este vasto cercado, y esa agua empezó a borbotar y a elevarse por encima del suelo, y vi [*aún*] ese cercado hasta que [*por fin*] toda la superficie fue cubierta por el agua.

Y el agua y la oscuridad y la niebla crecieron por encima de él. Y vi la altura de esa agua; y esa agua se elevó por encima de este recinto, y se extendió sobre el recinto, y permaneció sobre el suelo.

Todos los toros de este cercado fueron reunidos, hasta que los vi sumergidos, tragados y aniquilados en esa agua.

Y la barca flotaba sobre el agua; pero todos los toros y los elefantes y los camellos y los asnos fueron tragados por la Tierra con todos los cuadrúpedos, y no pude verlos más; y no pudieron salir, y fueron destruidos y sumergidos en el abismo.

Y de nuevo vi en visión hasta que esas cataratas desaparecieron de ese techo elevado, [*que*] las fisuras de la Tierra se nivelaron y [*que*] otros abismos se abrieron.

Y el agua empezó a descender en ellos, hasta que la Tierra fue descubierta, y la barca reposó sobre la Tierra, y la oscuridad se retiró, y la luz se hizo.

Entonces el toro blanco que se había convertido en hombre, salió de esta barca, y los tres toros con él; y uno de los tres toros era blanco, se parecía a este [*primer*] toro, y uno de ellos era rojo como sangre; y uno, negro. Y ese toro blanco se separó de ellos.

Y empezaron a engendrar bestias salvajes y pájaros. Y hubo muchos de cada especie: leones, leopardos, perros, lobos, hienas, cerdos salvajes, zorros, ardillas, jabalíes, halcones, buitres, gavilanes, águilas y cuervos. Y de entre ellos nació un toro blanco.

Y empezaron a morderse el uno al otro; después el toro blanco, que había nacido entre ellos, engendró un asno salvaje y un toro blanco con él, y el asno salvaje creció.

Después el toro que había sido engendrado por el [*toro blanco*] engendró un jabalí negro y una oveja blanca. Y aquél engendró numerosos jabalíes, y la oveja engendró doce ovejas.

Y cuando esas doce ovejas hubieron crecido, entregaron una de ellas a los asnos, y esos asnos a su vez entregaron esa oveja a los lobos, y la oveja creció entre los lobos.

Después el Señor condujo a las once ovejas para [*hacerlas*] habitar con ella y pacer con ella entre los lobos. Y ellas se multiplicaron y se transformaron en numerosos rebaños de ovejas.

Ahora bien, los lobos empezaron a temerlas y a oprimirlas hasta hacer perecer a sus pequeños, y a lanzar a sus pequeños a un gran río. Y las ovejas se pusieron a gritar a causa de sus pequeños y a quejarse a su Señor.

Pero una oveja que había escapado a los lobos huyó y fue a casa de los asnos salvajes. Y vi a las ovejas que se lamentaban y gritaban, y suplicaban al Señor suyo con todas sus fuerzas, hasta que el Señor de las ovejas descendió a la voz de las ovejas, desde [*Su*] elevado santuario, y vino a Su lado y las hizo pacer.

Y llamó a la oveja que había huido de entre los lobos, y le habló de los lobos para que les instase a no tocar más a las ovejas.

Y la oveja fue al lado de los lobos por orden del Señor, y otra oveja fue a su encuentro y fue con ella. Y ellas fueron y las dos entraron juntas en la asamblea de los lobos por orden del Señor, y les hablaron y les instaron a que no hicieran nada a las ovejas en adelante.

Y desde entonces, vi que los lobos oprimieron más duramente y con todas sus fuerzas a las ovejas, y las ovejas gritaron.

Y su Señor fue junto a las ovejas, y se puso a pegar a esos lobos, y los lobos empezaron a lamentarse. Pero las ovejas se callaron y desde entonces no gritaron más.

Y vi a las ovejas que salían de entre los lobos, y los ojos de los lobos fueron oscurecidos. Y esos lobos salieron persiguiendo a las ovejas con todas sus fuerzas.

Pero el Señor de las ovejas fue con ellas conduciéndolas, y todas sus ovejas le seguían, y su rostro era resplandeciente, glorioso y terrible a la vista.

Y los lobos empezaron a perseguir a esas ovejas, hasta que se hubieron reunido con ellas cerca de un estanque de agua.

Pero este estanque de agua se abrió, y el agua se mantuvo de un lado y de otro ante ellas y [ante] su Señor que les enseñaba el camino y se mantenía entre ellas y los lobos.

Y como esos lobos no veían más a las ovejas, ellas anduvieron en medio de este estanque de agua; y los lobos persiguieron a las ovejas, y corrieron tras ellas.

Pero cuando ellos vieron al Señor de las ovejas, se volvieron para huir ante su rostro. Pero este estanque de agua se cerró y volvió de repente a su posición natural, y se llenó de agua, y se elevó hasta cubrir a esos lobos.

Y vi hasta que hubieron perecido todos los lobos que perseguían a las ovejas y hasta que fueron sumergidos.

Y las ovejas se alejaron de esa agua y fueron a un desierto sin agua ni hierba. Y empezaron a abrir los ojos y a ver. Y vi al Señor de las ovejas hacerlas pacer y darles agua y hierba, y a esa oveja andar y guiarlas.

Así, esa oveja subió a la cima de esta [sic] roca elevada, y luego el Señor de las ovejas la envió junto al resto.

Después, vi al Señor de las ovejas que se mantenía ante ellas; y su aspecto era grandioso, terrible y poderoso, y todas las ovejas le vieron y temieron su rostro.

Y todas temieron y temblaron ante Él, y gritaron a esa oveja [*que estaba*] con ellas, [*la segunda oveja que estaba entre ellas*]: «No podemos estar más ante nuestro Señor, ni mirarle».

Así, la oveja que les guiaba volvió y subió a la cima de esa roca. Y los ojos de las ovejas empezaron a oscurecerse, y erraron fuera del camino que ella les había enseñado; pero esa oveja no se dio cuenta.

Entonces el Señor de las ovejas se irritó con ellas con una gran cólera, y esa oveja se enteró [*de la defección de las otras ovejas*]; ella descendió de la cima de la roca, y fue junto al resto de ovejas, y encontró que la mayoría de ellas tenían los ojos oscurecidos y erraban.

Y viéndola, temieron y temblaron ante su rostro y quisieron volver a sus rediles.

Pero esa oveja tomó con ella otras ovejas, y fue al lado de las ovejas que habían errado, y se puso a matarlas y las ovejas temieron ante su rostro. Y esa oveja hizo volver a las ovejas que habían errado y volvieron a sus rediles.

Y vi en esa visión hasta que esa oveja se convirtió en un hombre y construyó una casa al Señor de las ovejas, y condujo a todas las ovejas a esa casa.

Y vi hasta que se hubo dormido esa oveja que se había reunido con la oveja que conducía a las ovejas. Y vi hasta que todas las grandes ovejas hubieron perecido, y unas pequeñas se levantaron en su lugar, y ellas entraron en un pastizal, y ellas se acercaron a un río.

Después, la oveja que les guiaba, que se había convertido en hombre, fue separada de ellas y se durmió; y todas las ovejas la buscaron y se lanzaron sobre ella con grandes llantos.

Y vi hasta que hubieron cesado de lamentarse sobre esta oveja. Después ellas atravesaron este río, y vinieron [*otras*] ovejas que las guiaron en lugar de las que se habían dormido después de haberlas guiado.

Y vi las ovejas hasta que entraron en una hermosa región y en una Tierra agradable y espléndida. Y vi esas ovejas hasta que fueron saciadas, y esa casa estaba en medio de ellas en la Tierra agradable.

Y tan pronto sus ojos se abrían como se cegaban, hasta que otra oveja se levantó y las guio. Y las condujo a todas, y sus ojos se abrieron.

Así, los perros, los zorros y los cerdos salvajes se pusieron a devorar a esas ovejas hasta que el Señor de las ovejas hizo [*a otra oveja*] un carnero padre entre ellas, que les guio.

Y ese carnero se puso a pegar de un lado y de otro a los perros, a esos zorros y a esos cerdos salvajes, hasta que les hizo perecer a todos.

Entonces los ojos de esa oveja se abrieron, y vio que el carnero que estaba entre las ovejas había perdido su honor y empezaba a pegar a esas ovejas y a pisarlas y a conducirse indignamente.

Entonces el Señor de las ovejas envió a la oveja a otra oveja y la elevó al rango de carnero para guiar a las ovejas en lugar del carnero que había perdido su honor.

Y ella fue al lado de ella, y le habló en secreto, y elevó a ese carnero y le hizo juez y pastor de las ovejas. Ahora bien, durante todos esos [*sucesos*] los perros oprimían a las ovejas.

Pero el primer carnero persiguió a ese segundo carnero y ese segundo carnero se levantó y huyó ante él. Y vi hasta que esos perros hubieron abatido al primer carnero.

Después ese segundo carnero se levantó y condujo a las [*pequeñas*] ovejas, y ese carnero engendró numerosas ovejas, y luego se durmió. Y una pequeña oveja se convirtió en carnero en su lugar, y fue el juez y el conductor de las ovejas.

Y esas ovejas crecieron y se multiplicaron, y todos estos perros, zorros y cerdos salvajes tuvieron miedo y huyeron lejos de él. Pero ese carnero pegó y mató a todas las bestias, y esas bestias no tuvieron más poder entre las ovejas, y no les robaron nada más.

Y esa casa llegó a ser grande y espaciosa, y fue edificada por esas ovejas, [*y*] una torre elevada y grande fue construida sobre la casa para el Señor de las ovejas. Y esa casa era baja, y la torre elevada y alta. Y el Señor de las ovejas se mantenía sobre esta torre, y colocaron ante él una mesa cargada [*de ofrendas*].

Después vi aún esas ovejas errar de nuevo, e ir por una multitud de caminos y abandonar su casa. Y el Señor de las ovejas llamó de entre ellas unas ovejas y las envió al lado de las ovejas; pero las ovejas se pusieron a matarlas.

Ahora bien, una de entre ellas fue salvada y no fue muerta. Y salió y gritó a causa de las ovejas, y ellas quisieron matarla. Pero el Señor de las ovejas la salvó de entre las manos de las ovejas y la hizo subir y sentarse cerca de mí.

Y Él envió aún numerosas ovejas cerca de esas ovejas para anunciarles [*Su palabra*] y para llorar por ellas.

Y después las vi abandonar la casa del Señor y su torre. Ellas erraban en todo y sus ojos estaban cerrados. Y vi al Señor de las ovejas hacer una gran carnicería con ellas en sus pastos, hasta que estas ovejas hubieron [*aún*] apelado a esa carnicería y entregado su lugar.

Y Él las abandonó a los leones, a los leopardos, a los lobos, a las hienas, a los zorros y a todas las bestias, y esas bestias salvajes se pusieron a rasgar a esas ovejas.

Después lo vi abandonar la casa de ellas y su torre y entregarlo todo a los leones, para que ellos [*todas las bestias*] lo destrozaran y lo devoraran.

Y yo me puse a gritar con todas mis fuerzas, y a clamar al Señor de las ovejas, y le hice ver que las ovejas eran devoradas por todas las bestias salvajes.

Pero Él se calló al verlas, y se alegró de que fueran comidas, devoradas y arrebatadas; y Él las abandonó como pasto a todas las bestias.

Después Él llamó a setenta pastores y les entregó a esas ovejas para hacerlas pastar. Y Él dijo a los pastores y a sus servidores: «Que cada uno de vosotros de ahora en adelante haga pacer a las ovejas, y todo lo que yo os ordene, hacedlo. Yo os las entregaré en número [*determinado*] y os diré las que deben perecer, y a aquéllas, hacedlas perecer». Y Él les entregó a esas ovejas.

Después llamó a otro y le dijo: «Considera y ve todo lo que los pastores hacen a esas ovejas, porque ellos hacen perecer a más de las que yo les he mandado.

»Y [*por*] todo exceso y pérdida que sea obra de los pastores, escribe cuántas ellos hacen perecer por orden mía, y cuántas hacen perecer por su gusto. Toda pérdida de cada pastor inscríbela en su cuenta.

»Lee enseguida el número ante mí: cuántas habrán hecho perecer, y cuántas se les habían entregado para la destrucción, para que eso sea para mí un testimonio contra ellos, para que sepa la conducta de los pastores, que yo los mida y que vea lo que hacen, si se atienen o no a la orden que les he dado.

»Pero que ellos no lo sepan, y no se lo hagas conocer ni les adviertas, sino inscribe toda destrucción de los pastores, uno por uno a su tiempo, y hazlo subir todo [*eso*] ante mí».

Y vi hasta el momento en que estos pastores hicieron pacer [*cada una*] a su tiempo, y se pusieron a matar y a hacer perecer más [*ovejas*] de las que habían recibido orden, y entregar esas ovejas a los leones.

Y los leones y los leopardos comieron y devoraron a la mayoría de las ovejas, y los cerdos salvajes comieron con ellos, y quemaron esa torre y tiraron abajo esa casa.

Y me entristecí mucho a causa de la torre, porque esa casa de las ovejas había sido derrumbada, y desde entonces ya no pude ver más si esas ovejas entraban en esa casa.

Y los pastores y sus servidores entregaron esas ovejas a todas las bestias salvajes para que las devoraran, y [*de*] todo [*lo que*] cada uno de ellos había recibido en número [*determinado*] fue escrito [*para*] cada uno de ellos por el otro en un libro, cuántas habían hecho perecer.

Así, cada uno mataba y hacía perecer más de [*las*] que les habían sido fijadas, y yo me puse a llorar y a lamentarme a causa de esas ovejas.

Y vi igualmente en visión lo que escribían, cómo inscribía cada [*oveja*] que había sido destruida por estos pastores día por día, y él llevó y depositó todo su libro, e hizo ver al Señor de las ovejas todo lo que había hecho y todo lo que había sustraído cada uno de ellos, y todo lo que Él había entregado a la destrucción.

Y el libro fue leído en presencia del Señor de las ovejas, y Él tomó el libro en su mano, y lo leyó, lo selló y lo depositó.

Tras eso, vi que los pastores hacían pacer [*a las ovejas*] durante doce horas, y he aquí: tres de esas ovejas volvieron, y llegaron y entraron y se pusieron a edificar todo lo que había caído de esa casa, pero los cerdos salvajes se [*lo*] impidieron, y ellas no lo pudieron [*esta vez*].

Después ellas volvieron a empezar a construir como antes, y elevaron esa torre que fue llamada «torre alta», y ellas volvieron a empezar a colocar ante la torre una mesa, pero todo el pan que era [*depositado en ella*] estaba manchado e impuro.

Y durante todo eso los ojos de las ovejas estaban pegados, y no veían, y sus pastores tampoco, y Él [*el Señor de las ovejas*] las entregó para una más grande destrucción a sus pastores, que prensaron con los pies a las ovejas y las devoraron.

Y el Señor de las ovejas se calló hasta que todas las ovejas fuesen dispersadas por el desierto y que ellas se mezclasen con ellos [*los animales salvajes*], y ellos [*los pastores*] no las rescatasen de la mano de las bestias.

Y el que había escrito el libro lo trajo, lo mostró y lo leyó al Señor de las ovejas, y le suplicó por ellas, y le dirigió una súplica mostrándole toda la conducta de los pastores, llevando testimonio ante Él contra todos los pastores.

Y tomando su libro, lo depositó junto a Él [*el Señor de las ovejas*] y se fue.

Capítulo XC
Continuación de la historia de los setenta pastores y de los últimos tiempos de Israel. Los tiempos mesiánicos y el Juicio Final

Y yo vi hasta el momento en que los treinta y cinco pastores hubieron así hecho pacer [*a las ovejas*], y cada uno de ellos cumplió [*su mandato*] en su momento, como los primeros, y otros los recibieron en sus manos, a fin de hacerlas pacer en su momento, cada pastor en su debido momento.

Después de esto, en una visión, vi venir todos los pájaros del Cielo: las águilas, los buitres, los gavilanes y los cuervos; y las águilas guiaban a todos los pájaros y se pusieron a devorar a estas ovejas y a reventarles los ojos y a devorar su carne.

Y las ovejas gritaron porque su carne era devorada por los pájaros. Y yo miraba y me lamentaba en mi sueño por el pastor que pacía las ovejas.

Y yo vi hasta que estas ovejas hubieron sido devoradas por los perros, por las águilas y por los gavilanes, que no les dejaron absolutamente ni carne, ni piel, ni músculo, hasta que no tuvieran más que los huesos y sus huesos cayeran sobre la Tierra y las ovejas disminuyeran en número.

Y yo vi hasta el momento en que veintitrés pastores hubieron hecho pacer [*a las ovejas*] y hubieron cumplido, cada uno en su momento, hasta cincuenta y ocho veces.

Y he aquí que unos corderos nacieron de estas ovejas blancas, y empezaron a abrir los ojos y a ver, y a balar junto a las ovejas.

Y las ovejas no balaron con ellos y no hicieron caso de su palabra, estaban sordas y sus ojos se cegaron hasta el máximo y cada vez más.

Y yo vi en visión a los cuervos abatirse sobre estos corderos y coger a uno de ellos y desmenuzar a las ovejas y devorarlas.

Y yo vi que les crecían los cuernos a estos corderos, y los cuervos les destrozaban sus cuernos. Y yo vi hasta que un gran cuerno le creció a una de estas ovejas, y sus ojos se abrieron.

Y ella [*la oveja*] los vio [*a los cuervos*], y sus ojos se abrieron; y ella gritó hacia las ovejas, y los carneros la vieron y ellos acudieron todos junto a ella.

Y a pesar de esto, todas estas águilas, estos buitres, estos cuervos y estos gavilanes arremetían aún contra las ovejas, se echaban sobre ellas y las devoraban. Y las ovejas se callaban, y los carneros se lamentaban y gritaban.

Después, estos cuervos entraron en lucha con ella [*la oveja*] y quisieron arrebatar sus cuernos, pero no tenían poder sobre ella.

Y yo vi hasta que vinieron los pastores, las águilas, los buitres, y los gavilanes; y ellos dijeron a los cuervos que rompieran el cuerno de este carnero, y ellos combatieron y lucharon con él, y luego él combatió con ellos, y él gritó para que acudieran en su ayuda.

Y yo vi al hombre que había inscrito los nombres de los pastores y que había presentado [*el libro*] ante el Señor de las ovejas, que llegaba, y lo socorrió y lo salvó, y le mostró todo. Él descendió para socorrer a este carnero.

Y vi venir al lado de ella al Señor de las ovejas enfurecido, y aquellos que Lo vieron se escaparon todos, y todos cayeron en las tinieblas [*huyendo*] ante su faz.

Todas las águilas, buitres, cuervos y gavilanes se reunieron, y llevaron con ellos a todas las ovejas salvajes, y vinieron juntos y se conjuraron mutuamente para hacer pedazos el cuerno de este carnero.

Y vi al hombre que había escrito el libro por la orden del Señor de las ovejas, abrir el libro de la destrucción que habían hecho los doce últimos pastores, y mostrar ante el Señor que ellos habían destruido mucho más que sus predecesores.

Y yo vi hasta que el Señor de las ovejas fue junto a ellas, y Él tomó en su mano la vara de su cólera, y golpeó la Tierra, y la Tierra se abrió, y todas las bestias y los pájaros del Cielo cayeron lejos de estas ovejas, y fueron engullidos por la Tierra que se cerró sobre ellos.

Y yo vi hasta el momento en que una gran espada fue dada a las ovejas, y las ovejas salieron contra todos los animales salvajes a fin de matarlos, y todas las bestias y los pájaros del Cielo huyeron ante su faz.

Y yo vi hasta que un trono fue elevado sobre la Tierra agradable, y el Señor de las ovejas se sentó encima de él, y él [*un ángel*] tomó todos los libros sellados y abrió los libros ante el Señor de las ovejas.

Y el Señor llamó a estos siete primeros hombres blancos, y Él mandó conducirlos ante Él, empezando por la primera estrella que [*les*] guiaba, estas estrellas cuyo miembro sexual era como el de los caballos. Y ellos las condujeron todos ante Él.

Después Él habló a este hombre que escribía ante Él, uno de los siete [*hombres*] blancos, y le dijo: «Toma estos setenta pastores a los que había encomendado las ovejas y que después de haberlas recibido han degollado a muchas más de las que les había mandado».

Y he aquí que los vi a todos encadenados y todos se tendieron ante Él.

Y el juicio recayó primeramente sobre las estrellas, y ellas fueron juzgadas, y ellas fueron [*reconocidas*] pecadoras, y ellas se fueron al lugar del castigo, y se las lanzó a un paraje profundo, lleno de un fuego ardiente, y llenado por una columna de fuego.

Después, estos setenta pastores fueron juzgados y fueron [*reconocidos*] pecadores, y ellos fueron lanzados [*también*] a este abismo de fuego.

Y vi en aquel tiempo un precipicio semejante y lleno de fuego abrirse en medio de la Tierra. Y se condujo a las ovejas ciegas allí y todas ellas fueron juzgadas y [*reconocidas*] pecadoras y arrojadas a este abismo de fuego, y ellas ardieron. Y este precipicio estaba a la derecha de esa casa.

Y yo vi arder a estas ovejas y sus huesos, que también ardían. Y yo me levanté para ver hasta que Él plegó esa vieja casa, y se llevó todas las columnas; y todas las vigas, así como todos los adornos de esta casa fueron plegados con ellas, y se las llevó y las lanzó a un lugar al sur de la Tierra.

Y yo vi hasta que el Señor de las ovejas trajo una nueva casa, más grande y más alta que la primera, y Él la puso en el lugar de la primera que había sido plegada. Y todas sus columnas estaban nuevas, y sus adornos eran nuevos; y era más grande que la primera [casa] vieja que se había llevado, y todas las ovejas estaban en medio.

Y vi a todas las ovejas que quedaban, y todos los animales que estaban sobre la Tierra, y todos los pájaros del Cielo postrarse, adorar a estas ovejas y suplicarlas, y obedecerlas palabra por palabra.

Luego, estos tres que estaban vestidos de blanco me tomaron de la mano —eran aquellos que me habían elevado al principio—, y tendiéndome la mano este carnero, me hicieron subir y me hicieron sentar en medio de estas ovejas, antes que tuviera lugar el juicio.

Y estas ovejas eran todas blancas; y su lana, magnificente y pura.

Y todas las que habían perecido y habían sido dispersadas, y todas las bestias y todas las aves del Cielo se reunieron en esta casa, y el Señor de las ovejas se regocijó con una gran alegría porque todos eran buenos y porque ellos habían vuelto a su casa.

Y yo vi hasta que ellas [las ovejas] depusieron la espada que había sido dada a las ovejas, y ellas la llevaron a la casa, y fue sellada en presencia del Señor; y todas las ovejas fueron llamadas a esta casa, pero ésta no las contenía.

Y sus ojos se abrieron, y ellas vieron bien, y no hubo ni una de entre ellas que no viera.

Y vi que esta casa era grande y espaciosa y completamente llena.

Y vi que un toro blanco nació, y sus cuernos eran grandes, y todas las bestias salvajes y todas las aves del Cielo le temían y le suplicaban en todo momento.

Y yo vi hasta que fueron cambiadas todas sus especies, y todos se convirtieron en toros blancos, y el primero de entre ellos se convirtió en un búfalo y este búfalo era un gran animal y tenía sobre su cabeza dos cuernos negros, y el Señor de las ovejas se regocijó por él y por todos los toros.

Y yo estaba acostado entre ellos, y me desperté después de haberlo visto todo.

Y tal es la visión que yo vi cuando estaba acostado; después me desperté y bendije al Señor de la justicia, y le rendí gloria.

Después de esto vertí lágrimas abundantes, y mis lágrimas no pararon hasta que no pude mantenerlas más: cuando yo veía, ellas se deslizaban sobre lo que veía, pues todo llegará y se cumplirá; y todos los actos de los hombres me han sido mostrados uno tras otro.

Y esta noche recordé mi primer sueño, y lloré y me turbé por esto, porque yo había visto esta visión.

Libro de la exhortación y de la maldición

(Caps. XCI-CV)

✝ ✝ ✝ ✝

Capítulo XCI
Exhortaciones de Enoc a sus hijos. Predicciones sobre el castigo de los pecadores

«Entre tanto pues, hijo mío Matusalén, convoca en torno a mí a tus hermanos, reúne en torno a mí a todos los hijos de tu madre, pues una voz me llama y un espíritu se ha extendido sobre mí para que yo os muestre todo lo que os llegará hasta la eternidad».

Y con respecto a eso Matusalén se fue a convocar a todos sus hermanos junto a él [*Enoc*] y reunió a sus parientes.

Y él [*Enoc*] habló a todos los hijos de la justicia y dijo: «Oíd, hijos de Enoc, todas las palabras de vuestro padre, y atended a la voz de mi boca pues es a vosotros a quien exhorto y digo: Bienqueridos, amad la verdad e id con ella.

»Y no os acerquéis a la verdad con el corazón dividido, no os juntéis con los de doble ánimo, sino id con la justicia, ¡oh hijos míos!, pues ella misma os conducirá por los buenos caminos y será vuestra compañera.

»Pues, yo lo veo, el estado de violencia se hace cada vez más grande sobre la Tierra, así también un gran castigo se cumplirá sobre ésta; toda injusticia será consumida y será cortada de sus raíces, y todo edificio perecerá.

»La injusticia volverá a empezar a cumplirse sobre la Tierra, y ella contendrá el doble de obras de injusticia, de opresión y de pecado.

»Pero cuando, en toda obra, la injusticia, el pecado, la blasfemia, y la violencia se hayan engrandecido, cuando la perversidad, el crimen, y la impureza se hayan engrandecido, un gran castigo vendrá del Cielo sobre todo esto y el Señor santo saldrá enfurecido con una balanza para hacer un juicio sobre la Tierra.

»En estos días, la violencia será arrancada de raíz, y las raíces de la injusticia lo mismo que [*las de*] la astucia, y ellas serán destruidas bajo el Cielo.

»Y todos los ídolos de los paganos y [*sus*] templos serán abandonados al fuego eterno, y ellos serán arrojados al suplicio del fuego, y serán destruidos por la cólera y por un suplicio terrible que será eterno.

»Entonces, los justos se levantarán de su sueño, la sabiduría surgirá también y les será entregada.

»Entonces, las raíces de la injusticia serán cortadas y los pecadores perecerán por la espada; los impíos serán suprimidos en todo lugar, y los que meditan la violencia y los que blasfeman perecerán por la espada.

»Y después, habrá otra semana, la octava; será la de la justicia; una espada le será entregada para que se haga juicio y justicia de los opresores, y los pecadores serán entregados a las manos de los justos.

»Y hacia su fin [*de la octava semana*] ellos [*los justos*] adquirirán casas a causa de su justicia; y será elevada una casa para el gran Rey, en un esplendor eterno.

»Y tras eso, en la novena semana, el juicio de la justicia será desvelado a todo el universo, y todas las obras de los impíos desaparecerán de la Tierra entera, y el mundo será inscrito para la perdición, y todos los hombres verán los caminos del bien.

»Y tras eso, en la décima semana, en [*su*] séptima parte, tendrá lugar el Gran Juicio Eterno en el cual Él ejercerá la venganza en medio de los ángeles.

»Y el primer Cielo desaparecerá y pasará, y un Cielo nuevo aparecerá, y todas las potencias de los Cielos brillarán eternamente siete veces más.

»Y tras eso, [*vendrán*] numerosas semanas que transcurrirán innumerables, eternas, en la bondad y en la justicia, y desde entonces el pecado no será nombrado más hasta la eternidad.

»Y ahora voy a deciros, ¡oh hijos míos!, y a mostraros los caminos de la justicia y los de la violencia; y os haré ver de nuevo cómo conoceréis lo que ha de venir.

»Y ahora escuchadme, hijos míos, e id por los senderos de la justicia y no vayáis por los de la violencia, pues perecerán por siempre jamás todos los que vayan por los caminos de la injusticia».

Capítulo XCII
Recompensa de los justos, destrucción de los pecadores

El libro escrito por Enoc. Enoc escribió, pues, toda esta doctrina de sabiduría –objeto de la alabanza de todos los hombres y juicio de toda la Tierra–, para todos mis hijos que habitan sobre la Tierra y para las generaciones futuras que harán el bien y la paz.

Que vuestro espíritu no se entristezca por causa de los tiempos, pues el Grande y el Justo ha dado días para todo.

Y el Justo despertará de su sueño; se levantará y avanzará por los caminos de la justicia, y todos sus caminos y su curso estarán en la virtud y en la clemencia.

Él *[el Grande y el Santo]* será propicio a los justos, Él les dará eterna justicia y les dará un poder, y él *[el justo]* estará en la virtud y en la justicia, y marchará con una luz eterna.

Y el pecado estará perdido en las tinieblas para siempre; no aparecerá más desde este día hasta la eternidad.

Capítulo XCIII
Apocalipsis de las semanas.
Predicciones de Enoc sobre las diez semanas que transcurrirán desde su nacimiento hasta el final de los tiempos

Después, Enoc enseñó y se puso a hablar según los libros. Y Enoc dijo: «A propósito de los hijos de la justicia, a propósito de los elegidos del mundo y a propósito de la planta de la equidad he aquí lo que os diré y os daré a conocer, hijos míos, yo, Enoc, según me ha sido revelado por una visión de los Cielos, y según lo que he aprendido por la voz de los santos ángeles y he comprendido por las tablillas del Cielo».

Enoc comenzó pues a hablar según los escritos y dijo: «Yo he nacido el séptimo en la primera semana, cuando el derecho y la justicia aún perduraban.

»Y tras de mí, en la segunda, llegará un gran mal; la mala fe abundará, y en ella [*en esta semana*] tendrá lugar la primera consumación y entonces un hombre será salvado. Y cuando esa [*semana*] haya acabado, la injusticia crecerá y Él [*Dios*] hará una ley para los pecadores.

»Y después, en la tercera semana, hacia su fin, un hombre será elegido como planta de justo juicio, y tras eso él crecerá en una planta de la justicia para la eternidad.

»Y después, en la cuarta semana, en su final, las visiones de los santos y de los justos aparecerán, y serán preparadas una ley y un cercado para las generaciones de las generaciones.

»Y después, en la quinta semana, a su fin, una casa de gloria y de dominación será edificada para la eternidad.

»Y después, en la sexta semana, los que vivirán en ella serán cegados, y el corazón de todos ellos caerá en la impiedad, lejos de la sabiduría, y entonces un hombre subirá [*al Cielo*], y al fin de esta [*semana*] la casa de dominación será consumida por el fuego, y entonces será dispersada toda la raza de la raíz poderosa.

»Y después, en la séptima semana, se elevará una generación perversa; numerosas serán sus obras, pero todas sus obras [*serán*] abominación.

»Y al final de esta [*semana*], los justos elegidos [*retoños*] de la planta de la justicia eterna, serán elegidos para que les sea dado el séxtuplo de la ciencia de toda su creación [*de Dios*].

»Pues, ¿cuál es el hijo de los hombres que puede oír la voz del Santo sin ser turbado, y que puede pensar su pensamiento, y que puede contemplar todas las obras del Cielo?

»¿Quién es el que puede ver el Cielo, y quién el que puede ver la obra del Cielo? ¿Y cómo verá un alma o un espíritu, y podrá él hablar [*de él*], o subir y ver toda su extensión, y comprenderlo y actuar conforme a ello?

»¿Y cuál es el hijo de los hombres que puede comprender cuál es la anchura y la longitud de la Tierra, y a quién han sido enseñadas todas [*sus*] medidas?

»¿O bien existe un hombre que pueda conocer la longitud del Cielo, así como su altura, sobre qué [*base*] está asentado, cuán grande es el número de las estrellas, y dónde descansan todas las luces?

Capítulo XCIV
Exhortaciones a los justos, maldiciones contra los impíos

Ahora, pues, os digo, hijos míos, amad la justicia y caminad en ella, porque los caminos de la justicia son dignos de ser seguidos, en cambio los caminos de la iniquidad pasarán y desaparecerán de repente.

A ciertos hombres de la generación [*futura*] serán revelados los caminos de la violencia y de la muerte, y ellos se alejarán de ellos y no los seguirán.

Y ahora a vosotros, justos, os digo: no andéis por un mal camino, ni por los caminos de la muerte; y no os acerquéis a ellos, para no perecer.

En cambio, buscad y escoged para vosotros la justicia y una vida excelente, y caminad por los senderos de la paz, para vivir y ser felices.

Y retened mi palabra en la reflexión de vuestro corazón, y que ella no se borre de vuestro corazón; porque sé que los pecadores tentarán a los hombres para que cambien la sabiduría por el mal, no se le encuentre [*a la sabiduría*] y ninguna prueba disminuirá.

Desgracia para los que edifican la iniquidad y la opresión y construyen sobre el fraude, porque serán derrumbados de repente y no habrá paz para ellos.

Desgracia para los que edifican sus casas por el pecado, porque de todos sus cimientos serán arrancados y caerán bajo la espada, y los que poseen el oro y la plata parecerán de repente en el juicio.

Desgracia para vosotros ricos, porque os confiáis en vuestras riquezas; seréis privados de ellas, porque no sois recordados por el Altísimo en los días de vuestra riqueza.

Habéis cometido la blasfemia y la iniquidad, estáis maduros para el día de la efusión de sangre, para el día de tinieblas y para el día del Gran Juicio.

Así yo os digo y os anuncio que el que os ha creado os derrocará, y sobre vuestra ruina no habrá piedad, y vuestro creador se alegrará de vuestra destrucción.

Y vuestros justos en esos días zurcirán un reproche para los pecadores y para los impíos.

Capítulo XCV
Tristeza de Enoc. Nuevas maldiciones

¡Oh, si mis ojos fueran una nube de aguas, para que pudiera llorar por vosotros y derramar mis lágrimas cual nube de aguas, y así descansar de la angustia de mi corazón!

¿Quién os ha hecho hacer el odio y el mal? Así el juicio os alcanzará a vosotros, pecadores.

No temáis a los pecadores, oh justos, porque el Soberano del universo los entregará de nuevo a vuestras manos para que otorguéis contra ellos un juicio; a vuestro gusto.

Desgracia para vosotros, que lanzáis anatemas que no se pueden romper. El remedio está lejos de vosotros, que devolvéis el mal a vuestro prójimo, porque recibiréis según vuestras obras.

Desgracia para vosotros, testigos de mentira y a los que pesan la injusticia, porque pereceréis repentinamente.

Desgracia para vosotros, pecadores, porque perseguís a los justos, porque vosotros mismos seréis entregados y perseguidos por la injusticia, y su yugo pesará sobre vosotros.

Capítulo XCVI
Motivos de esperanza para los justos, motivos de temor para los pecadores

Tened confianza, oh justos, porque los pecadores serán pronto aniquilados ante vosotros y tendréis sobre ellos el poder que queráis.

Y en el día de la aflicción de los pecadores, vuestros hijos se levantarán y se elevarán como águilas, vuestro nido será más elevado que [*el del*] buitre; como la ardilla subiréis y penetraréis para siempre en las cavernas de la Tierra y en los recovecos de las rocas, lejos del rostro de los malos, que gemirán y llorarán por vosotros como sirenas.

No temáis, pues, vosotros que sufrís, porque habrá un remedio para vosotros, una luz brillará para vosotros, y del Cielo oiréis la voz del reposo.

Desgracia para vosotros pecadores, porque vuestra riqueza os da la apariencia de justos, pero vuestro corazón os convence de que sois pecadores y esta palabra dará testimonio contra vosotros que devoráis la flor del trigo y [*que*] bebéis la fuerza del principio del manantial, y [*que*] con vuestra fuerza pisoteáis a los humildes.

Desgracia para vosotros; que bebéis agua en todo tiempo, porque de repente recibiréis vuestra recompensa: seréis consumidos y desecados porque habéis abandonado la fuente de la vida.

Desgracia para vosotros que cometéis la injusticia, el fraude y la blasfemia: contra vosotros habrá un memorial de males.

Desgracia para vosotros poderosos, que por la violencia oprimís al justo, porque el día de vuestra predicción llega; en esos días, en el tiempo de vuestro castigo, habrá días numerosos y buenos para los justos.

Capítulo XCVII
Desgracia para los que cometen la injusticia y que poseen riquezas adquiridas

Tened confianza, justos, porque los pecadores serán entregados al oprobio, y serán aniquilados en el día de la iniquidad.

Vosotros sabréis [*pecadores*], que el Altísimo se acuerda de vuestra perdición, y que los ángeles del Cielo se alegran de vuestra perdición.

¿Qué vais a hacer pecadores, y adónde huiréis en ese día del Juicio, cuando oigáis el acento de la oración de los justos?

Seréis como aquéllos contra los cuales dará testimonio esta palabra: «Vosotros habéis sido cómplices de los pecadores».

Y en esos días la oración de los justos llegará al Señor, y para vosotros llegarán los días de vuestro juicio.

Se leerá ante el Grande y el Santo todas vuestras palabras de injusticia, vuestro rostro será cubierto de confusión y toda obra fundada en la injusticia será rechazada.

Desgracia para vosotros pecadores, que estáis en medio del mar o sobre el árido: su recuerdo os será funesto.

Desgracia para vosotros que poseéis plata, y oro [*adquiridos*] por la injusticia. Vosotros decís: «Somos ricos, tenemos fortuna y poseemos todo lo que hemos deseado.

»Y ahora realicemos nuestros proyectos, porque hemos acumulado plata, nuestros tesoros están llenos [*de ella*] como si fuera agua, y numerosos son los cultivadores de nuestras cosas».

Tal como el agua así discurrirán vuestras ilusiones, porque la riqueza no quedará en vosotros; sino que de repente volará lejos de vosotros, porque es por la injusticia por lo que la habéis adquirido, y vosotros mismos seréis entregados a una gran maldición.

Capítulo XCVIII
Las malas acciones son conocidas por Dios.
¡Ay de los insensatos y de los pecadores!

Y ahora, yo os juro a vosotros, sabios y locos, que veréis muchas cosas sobre la Tierra.

Porque vosotros, hombres, ponéis sobre vosotros más adornos que una mujer y más colores que una virgen; en el imperio, en la grandeza y en el poder y en la plata y el oro, la púrpura, los honores y los buenos manjares se extienden como el agua.

Porque no tienen ni doctrina ni sabiduría, a causa de eso serán perdidos con sus bienes y con todo su esplendor y sus honores; y en el oprobio, en la carnicería y en una gran pobreza su espíritu será lanzado en un brasero de fuego.

Os juro a vosotros, pecadores, que lo mismo que una montaña no se ha convertido [*nunca*] y no se convertirá en un servidor, ni una colina en una servidora, así el pecado no ha sido enviado sobre la Tierra; sino que los hombres lo han hecho de ellos mismos, y serán grandemente malditos los que lo hayan cometido.

Y la esterilidad no ha sido dada [*por la naturaleza*] a la mujer, sino que es a causa de la obra de sus manos por lo que muere sin hijos.

Os juro a vosotros, pecadores, por el Santo y el Grande, que toda vuestra mala obra está manifiesta en los Cielos y que no hay en vosotros obra de violencia que esté oculta y secreta.

Y no penéis en vuestro espíritu y no digáis en vuestro corazón que no sabíais y que no veíais que todo pecado se escribe diariamente en el Cielo en presencia del Altísimo.

Desde ahora sabréis que toda violencia que ejercéis está escrita todos los días hasta el día de vuestro juicio.

Desgraciados de vosotros, insensatos, porque seréis perdidos por vuestra locura; habéis hecho el mal contra los sabios y no os llegará la felicidad.

Y ahora, sabed que estáis preparados para el día de la ruina, y no esperéis vivir, oh pecadores; sino que pasaréis y moriréis, porque no conocéis tregua, porque estáis preparados para el día del Gran Juicio y para el día de la aflicción y de la gran miseria [*reservados*] a vuestro espíritu.

Desgracia para vosotros, de corazón espeso, que hacéis el mal y coméis la sangre: ¿de dónde coméis tanto y tan bueno, vosotros, y de dónde bebéis y os hartáis? De todos los bienes que el Señor más alto ha acumulado sobre la Tierra, tampoco tendréis paz.

Desgracia a vosotros, que amáis la iniquidad; ¿por qué os prometéis la felicidad? Sabed que seréis librados a las manos de los justos: ellos os cortarán la cabeza y os matarán, y no tendrán piedad de vosotros.

Desgracia para vosotros, que os complacéis de la aflicción de los justos, pues no será cavada una tumba para vosotros.

Desgracia para vosotros, que declaráis vana la palabra de los justos, pues no hay para vosotros esperanza de vida.

Desgracia para vosotros, que escribís palabras de mentira y palabras impías, pues ellos escriben sus mentiras para que se [les] escuche y que se olvide el resto: ellos no tendrán un momento de paz, pero ellos morirán de muerte repentina.

Capítulo XCIX
Desgracia a los impíos, a los que transgreden la ley, a los idólatras, y felicidad para los que van por los caminos de la justicia

Desgracia para los que cometen impiedades y que alaban y glorifican la palabra de la mentira: vosotros seréis destruidos y no tendréis una vida de felicidad.

Desgracia para los que cambian las palabras de verdad y transgreden la ley eterna y se convierten, los que no lo eran, en pecadores: sobre la Tierra serán pisoteados.

En estos días preparaos, oh justos, para recordar vuestras oraciones y ponerlas de testimonio ante los ángeles, para que ellos hagan recordar al Altísimo los pecados de los pecadores.

En estos días los pueblos se agitarán y las familias de los pueblos se levantarán el día de la destrucción.

En estos días los que estarán reducidos a la miseria saldrán y desgarrarán a sus hijos y los arrojarán; y sus hijos caerán lejos de ellos, y ellos arrojarán a sus hijos del pecho, y ellos no volverán a ellos y no tendrán piedad de sus bienamados.

Nuevamente, os juro, pecadores, que el pecado está maduro para el día en que la sangre no cesará [*de derramarse*].

Y los que adoren la piedra, y los que fabrican imágenes de oro y de plata, de madera y de arcilla, y los que adoran los espíritus malos y los demonios y a toda clase de ídolos sin discernimiento, ningún socorro les vendrá a ellos.

Ellos caen en la impiedad a causa de la locura de su corazón, y sus ojos están oscurecidos por la pusilanimidad de su corazón y por la visión de sus sueños.

Por ello, cometen la impiedad y tiemblan, pues han hecho todas sus acciones en la mentira y han adorado la piedra; es por esto por lo que serán perdidos en un abrir y cerrar de ojos.

En estos días, felices todos los que reciben la palabra de la sabiduría y la comprenden, los que van por los caminos del Altísimo y van por el camino de su justicia, y [*que*] no cometen la impiedad con los impíos, pues ellos serán salvados.

Desgracia para vosotros que extendéis el mal hasta vuestros prójimos, pues seréis muertos en el Sheol.

Desgracia para vosotros que empleáis una medida de fraude y de pecado y que difundís la amargura sobre la Tierra, pues por esto serán consumidos.

Desgracia para vosotros que edificáis vuestra casa por el trabajo de los demás; yo os lo digo, no tendréis un momento de paz.

Desgracia para los que repudian la mesura y la herencia de sus padres, eterna, y cuya alma se liga a los ídolos, pues no habrá reposo para ellos.

Desgracia para los que cometen injusticia y prestan su ayuda a la violencia, y [*que*] asfixian a sus compañeros hasta el día del Gran Juicio.

Pues Él arrojará por Tierra vuestra gloria, Él infundirá el mal en vuestros corazones, y Él suscitará su cólera, y su espíritu os destruirá a todos por la espada, y todos los justos y los santos se acordarán de vuestro pecado.

Capítulo C

Los pecadores se exterminarán los unos a los otros. En el día del Gran Juicio, los ángeles cuidarán a los justos, mientras que los pecadores arderán en la hornaza de fuego

Y en estos días, en un solo lugar, los padres serán golpeados con sus hijos, y los hermanos caerán con sus prójimos en la muerte hasta que, como un río, corra su sangre.

Pues el hombre no impedirá a su mano que mate a su hijo y al hijo de su hijo, y el pecador no impedirá a su mano que [*mate*] a su amigo querido: desde la aurora hasta la puesta del Sol ellos se degollarán entre sí.

Y el caballo avanzará hasta que su pecho [*se bañe*] en la sangre de los pecadores, y el carro hasta que su parte superior sea sumergida.

Y en esos días, los ángeles descenderán en un lugar oculto, reunirán en un solo punto a todos los que han hecho descender el pecado [*sobre la Tierra*]; y en ese día del Juicio, el Altísimo se levantará para pronunciar el Gran Juicio sobre los pecadores.

Y dará a unos guardias de entre los ángeles santos a todos los justos y los santos; ellos les guardarán como las niñas de los ojos hasta que se consuma todo mal y todo pecado; y si los justos duermen un largo sueño, no tendrán nada que temer.

Y los hombres sabios verán la verdad, y los hijos de la Tierra comprenderán todas las palabras de este libro, y reconocerán que su riqueza no puede salvarles en la ruina de su pecado.

Desgraciados de vosotros, pecadores, si afligís a los justos, en el día de la angustia terrible y [*si*] les quemáis en el fuego: recibiréis la recompensa de vuestras obras.

Desgraciados de vosotros, duros de corazón, que veláis para concebir el mal: el espanto va a hacer presa en vosotros y nadie os socorrerá.

Desgraciados vosotros, pecadores, por la palabra de vuestra boca y por la obra de vuestras manos que ha hecho vuestra impiedad: os quemaréis en un brasero de llamas.

Y ahora sabed que vuestras acciones serán rebuscadas por los ángeles en el Cielo, y por el Sol, por la Luna y por las estrellas, a causa de vuestro pecado, porque sobre la Tierra pronunciáis el juicio sobre los justos.

Y toda niebla y nube y rocío y lluvia hará testimonio contra vosotros, porque todos ellos rehusarán descender sobre vosotros, y pensarán en vuestros pecados.

Ofreced, pues, presentes a la lluvia para que no se niegue a descender sobre vosotros, y al rocío, si es que ella acepta de vosotros el oro y la plata, para que descienda.

Cuando fundan sobre vosotros la escarcha y la nieve, su frío y todos los torbellinos de nieve y todos sus tormentos, en esos días no podréis manteneros ante ellos.

Capítulo CI
Exhortación al temor del todopoderoso: toda la naturaleza tiembla ante Él, a excepción de los pecadores

Hijos del Cielo, considerad el Cielo y toda la obra del Altísimo, y temblad ante Él y no hagáis el mal en su presencia.

Si Él cierra la ventana del Cielo y se impide a la lluvia y al rocío de caer sobre la Tierra a causa vuestra, ¿qué haréis?

Y si envía contra vosotros su cólera a causa de todas vuestras obras, no habrá ocasión de suplicarle, porque pronunciáis contra su justicia palabras soberbias e imprudentes; así, no tendréis paz.

¿Y no veis a los pilotos de los navíos, cómo son agitados sus navíos por las olas y sacudidos por los vientos, y caen en peligro?

Y a causa de eso, ellos temen que todas sus bellas riquezas se vayan al mar con ellos, y no piensan nada bueno en su corazón; [*ellos piensan*] que el mar los devorará y que perecerán en él.

Todo el mar y todas sus aguas y todo su movimiento ¿no son acaso obra del Altísimo?; y ¿no ha puesto Él su sello sobre toda su acción [*del mar*], y no le ha encadenado por completo en la arena?

Él tiembla con su reprimenda, y se seca, y todos sus peces perecen lo mismo que todo lo que contiene, y vosotros, pecadores, que estáis sobre la Tierra ¡no le teméis!

¿No ha hecho acaso Él el Cielo y la Tierra y todo lo que ellos contienen? ¿Y quién ha dado la ciencia y la sabiduría a todos los que se mueven en la Tierra y en el mar?

¡Los pilotos de los navíos no temen el mar y los pecadores no temen al Altísimo!

Capítulo CII
Terror de los últimos días.
Desgracia aparente de los justos

En esos días, si Él lanza sobre vosotros un fuego terrible, ¿adónde huiréis y cómo os salvaréis? Y si lanza su palabra contra vosotros, ¿no estaréis consternados y no temblaréis?

Y todas las luminarias serán presas de un gran temor, y la Tierra entera estará consternada, temblará y se turbará.

Y todos los ángeles cumplirán su misión y querrán ocultarles ante la gran gloria, y los hijos de la Tierra temblarán y se turbarán; pero vosotros, pecadores, seréis eternamente malditos, y no habrá paz para vosotros.

No temáis, vosotros, almas de los justos, y tened confianza, vosotros, los que habéis muerto en la justicia.

Y no os entristezcáis porque vuestra alma haya descendido al Sheol en la tristeza, y vuestra carne no haya recibido en vida según vuestra virtud, sino esperad el día del Gran Juicio de los pecadores, el día de la maldición y del castigo.

Cuando morís, los pecadores dicen de vosotros: «Tal como nosotros estamos muertos, los justos están muertos, y ¿qué provecho han sacado ellos de sus obras?

»He aquí que, igual que nosotros, ellos han muerto en la tristeza y en las tinieblas, y ¿qué tienen ellos de más que nosotros? Desde ahora somos iguales.

»¿Y qué se llevarán ellos y qué verán en la eternidad? Porque he aquí que ellos han muerto, también, y desde ahora no verán jamás la luz».

Yo os digo: a vosotros, pecadores, os basta comer y beber, robar y pecar, despojar a los hombres y adquirir riquezas, y ver días dichosos.

¿No habéis visto cuál ha sido el fin de los justos? No se ha encontrado ninguna violencia en ellos hasta su muerte.

«Y [*sin embargo*] han perecido y han sido como si no hubieran sido, y sus almas han bajado al Sheol en la aflicción».

Capítulo CIII
Solución del enigma aparente que es la vida de los justos. Nuevas objeciones de los pecadores

Pero ahora os juro a vosotros, justos, por la gloria del Grande, del Glorioso y del Poderoso que domina, y por su grandeza os juro a vosotros:

que yo conozco el misterio, lo he leído en las tablillas del Cielo, y he visto el escrito de los santos y he visto en él escrito y grabado sobre ellos [*los justos*]

que todo bien y alegría y honor ha sido preparado y escrito para las almas de los que han muerto en la justicia, y que numerosos bienes os serán dados en recompensa por vuestros trabajos, y que vuestro destino será mejor que el de los vivos.

Y vuestras almas, las de vosotros que habéis muerto en la justicia, vivirán y se alegrarán y exultarán, y no perecerán, vuestras almas, y su memoria no [*pasará*] ante el rostro del Grande en todas las generaciones de mundo, desde entonces no temeréis más su deshonor.

Desgraciados de vosotros que morís, pecadores, si morís en la riqueza de vuestros pecados y que los que se os parecen dicen de vosotros: «¡Dichosos estos pecadores! Han visto todos sus días.

»Y ahora han muerto en la dicha y en las riquezas, y no han visto durante su vida la aflicción ni el crimen; han muerto en la gloria y no ha sido pronunciado juicio contra ellos en su vida».

Sabed que se hará descender vuestras almas al Sheol; ellas serán [*allí*] desgraciadas y su aflicción será grande.

Y vuestra alma entrará en las tinieblas y en las ataduras y en una llama ardiente, allí donde tendrá lugar el gran castigo, y el gran castigo durará durante todas las generaciones del mundo; desgraciados de vosotros, porque no tendréis paz.

No digáis de los justos ni de los buenos que están en vida: «En los días de su vida han trabajado mucho y han visto toda aflicción, han experimentado males numerosos y han sido consumidos y disminuidos y su alma se ha humillado.

»Se han perdido y no han encontrado a nadie que los socorriera ni una palabra ni nada; se han visto agobiados de dolor y se han perdido, y no esperan ver la vida de un día al otro.

»Esperaban ser la cabeza y son la cola. Han sufrido trabajando, y no disponen del fruto de su trabajo; son alimento de los pecadores, y los malos han hecho pesar su yugo sobre ellos.

»Les han dominado los que les odian y los que les pegan; y ante los que los odian han bajado la cabeza, y ellos no han tenido piedad de ellos.

»Y han querido alejarse de ellos para huir y reposar, y no han encontrado lugar al que huir y escapar de ellos.

»Y se han quejado ante los príncipes en su aflicción, y han gritado contra los que les devoran, pero ellos no han prestado atención a su grito y no han querido escuchar su voz.

»Y han ayudado a los que les despojan y a los que les devoran y a los que han disminuido su número, ocultan su violencia y no apartan de ellos el yugo de los que les devoran, les dispersan y les matan; ocultan su crimen y no se acuerdan que ellos [*los malvados*] han elevado sus manos contra Él».

Capítulo CIV
Seguridades dadas a los justos.
Apóstrofe a los pecadores y a los falsificadores
de la palabra de la verdad

Yo os [*lo*] juro, a vosotros: en el Cielo los ángeles se acuerdan de vosotros para bien, en presencia de la gloria del Grande; y vuestros nombres están escritos en presencia de la gloria del Grande.

Esperad, pues primeramente habéis sido afligidos en la desgracia y en el sufrimiento, pero ahora brillaréis como las luminarias del Cielo. Brillaréis y apareceréis, y la puerta del Cielo se abrirá ante vosotros.

Y con vuestra voz, gritad justicia y ella os aparecerá, porque toda vuestra aflicción será buscada en los príncipes y en todos los que han ayudado a los que os despojan.

Esperad y no renunciéis a vuestra esperanza, porque gozaréis de gran alegría como los ángeles de los Cielos.

¿Qué haréis? No tendréis que ocultaros en el día del Gran Juicio, no seréis tomados por pecadores, y el Juicio Eterno tendrá lugar lejos de vosotros por todas las generaciones del mundo.

Y ahora no temáis, oh justos, cuando veáis a los pecadores firmes y dichosos en su camino, y no os asociéis a ellos, sino alejaos de su violencia, porque no tendréis parte en el destino del ejército del Cielo.

Y aunque vosotros, pecadores, decís: «No busquéis y no escribáis todos nuestros pecados», de todos modos se escriben todos vuestros pecados todos los días.

Y ahora voy a enseñaros que la luz y las tinieblas, el día y la noche viene sobre vuestros pecados.

No seáis impíos en vuestros corazones, no mintáis, no alteréis la palabra de la verdad y no acuséis de mentira a la palabra del Santo y del Grande, y no apreciéis a vuestros ídolos, porque todas vuestras mentiras y vuestras impiedades no os serán imputadas como justicia, sino como un gran pecado.

Y ahora yo sé este misterio: los pecadores alterarán y desnaturalizarán mucho la palabra de la verdad, y proferirán palabras malas, y mentirán e inventarán grandes falsedades, y escribirán libros sobre sus palabras.

Pero si ellos escriben toda mi palabra según la verdad, en sus idiomas, y no alteran y no abrevian mis palabras, sino que escriben todos según la verdad, todo lo que he atestado al principio sobre ello,

yo sé otro misterio: los libros serán dados a los justos y a los sabios para [*comunicarles*] la alegría y la verdad y una gran sabiduría.

Los libros les serán dados, y creerán en ellos y se alegrarán y recibirán la recompensa todos los justos que habrán aprendido de ellos los caminos de verdad.

Capítulo CV
Dios ordena a los justos que publiquen la sabiduría de los escritos de Enoc

En esos días, el Señor ordenó [*a los justos*] que llamaran a los hijos de la Tierra e hicieran testimonios sobre su sabiduría: «Enseñad[*la*], porque sois sus guías, así como las recompensas [*que tendrán lugar*] sobre toda la Tierra.

»Porque yo y mi hijo estaremos unidos a ellos eternamente en los caminos de la verdad durante su vida, y tendréis la paz. ¡Alegraos, hijos de la verdad!».

Amén.

Fragmento Noajico
(Caps. CVI-CVIII)

✦ ✦ ✦ ✦

Capítulo CVI

Y, tras un tiempo, mi hijo Matusalén tomó para su hijo Lamech una mujer, y ella concibió de él y dio a luz un hijo.

Y su carne era blanca como la nieve y roja como la flor de la rosa; y los pelos de su cabeza y su cabellera eran blancos como la lana; y sus ojos eran hermosos, y cuando él abrió los ojos iluminó toda la casa como el Sol, y toda la casa estuvo muy brillante.

Y entonces él se levantó de las manos de la partera, abrió la boca y habló al Señor de la justicia.

Y su padre Lamech fue presa de terror ante él y huyó y fue ante su padre Matusalén.

Y le dijo: «Yo he puesto en el mundo un hijo diferente [*a los otros*]; no es como los hombres, sino que parece un hijo de los ángeles del Cielo; su naturaleza es diferente y no es como nosotros; sus ojos son como los rayos del Sol; su rostro es espléndido.

159

»Y me parece que no es mío sino de los ángeles, y temo que se cumpla un prodigio sobre la Tierra durante sus días.

»Y ahora te suplico, oh padre mío y te pido que vayas al lado de Enoc, nuestro padre, y que conozcas por él la verdad, porque su residencia está con los ángeles».

Así pues, cuando Matusalén hubo oído la palabra de su hijo, vino hacia mí en los confines de la Tierra, porque se había enterado de que yo estaba allí, y gritó y oí su voz y fui a él, y le dije: «Heme aquí, oh hijo mío, ¿por qué has venido a mí?».

Él me respondió y me dijo: «He venido a ti a causa de una gran inquietud, y a causa de una asombrosa visión a la que me he acercado.

»Y ahora escúchame, oh padre mío: a mi hijo Lamech le ha nacido un que no es parecido a él: su naturaleza no es como la naturaleza de los hombres, su color es más blanco que la nieve y más rojo que la flor de la rosa, los cabellos de su cabeza son más blancos que la lana blanca y sus ojos son como los rayos del Sol, y ha abierto los ojos y ha iluminado toda la casa.

»Y se ha levantado de las manos de la partera y ha abierto la boca y ha bendecido al Señor del Cielo.

»Su padre, Lamech, ha sido presa del terror, y ha huido hacia mí; no cree que sea suyo, sino [*que cree que es*] la imagen de los ángeles del Cielo, y heme aquí que he venido a ti para que me des a conocer la verdad».

Entonces le respondí yo, Enoc, y le dije: «El Señor cumplirá cosas nuevas sobre la Tierra; yo ya he visto eso en una visión y te he hecho conocer que en el tiempo de Lared, mi padre, ha habido quienes han transgredido de lo alto del Cielo la palabra del Señor.

»Y he aquí que han cometido pecado, transgredido la ley: se han unido a mujeres, con ellas han cometido el pecado, se han desposado y han tenido hijos.

»Es por eso por lo que habrá una gran ruina sobre toda la Tierra: habrá un agua de Diluvio y una gran ruina durante un año.

»Pero ese niño que os ha nacido permanecerá sobre la Tierra, y sus tres hijos serán salvados con él cuando mueran todos los hombres que están sobre la Tierra; serán salvados él y sus hijos.

»Ellos [*los ángeles malos*] engendrarán gigantes sobre la Tierra, no de espíritu sino de carne; por eso habrá un gran castigo sobre la Tierra, y la Tierra será purificada de toda corrupción.

»Y ahora anuncia a Lamech, tu hijo, que el que le ha nacido es verdaderamente su hijo, y dale el nombre de Noé, porque él será lo que quede de vosotros, y él y sus hijos serán salvados de la destrucción que llegará sobre la Tierra a causa de todo el pecado y a causa de toda la injusticia que se cumplirá sobre la Tierra en sus días.

»Y tras eso vendrá una injusticia más grande que la que se ha cumplido al principio sobre la Tierra, porque yo sé los misterios de los santos, porque el Señor me [*los*] ha enseñado y me [*los*] ha dado a conocer y sobre las tablillas del Cielo yo [*los*] he leído.

Capítulo CVII

Predicción de los crímenes de las generaciones futuras hasta el advenimiento de los tiempos mesiánicos

»Y yo he visto escrito sobre ellas que una generación será más criminal que la otra hasta que se levante una generación de la justicia y el crimen sea destruido y el pecado desaparezca de la faz de la Tierra y todo bien venga sobre ella.

»Y ahora, ¡oh hijo mío!, ve, anuncia a tu hijo Lamech que este niño que le ha nacido es verdaderamente su propio hijo y [*que*] esto no es mentira».

Y cuando Matusalén hubo escuchado la palabra de su padre Enoc, pues él le había mostrado toda cosa en secreto, él volvió y él [*la*] hizo saber [*a Lamech*], y le dio a este niño el nombre de Noé, pues a él debía consolar la Tierra de toda ruina.

Capítulo CVIII

Últimas exhortaciones: seguridades sobre el castigo de los pecadores y la recompensa de los justos

Segundo libro que escribió Enoc para su hijo Matusalén y para aquellos que vendrán después de él y [*que*] guardarán la ley en los últimos días.

Vosotros que habéis hecho el bien, atended estos días, hasta que sean consumados por los que hacen el mal y que sea consumido el poder de los pecadores.

Vosotros, pues, fijaos que el pecado pasa, pues su nombre [*el de los pecadores*] será borrado del libro de la vida y de los libros santos, y su raza perecerá por la eternidad, y sus espíritus serán muertos, y ellos gritarán y se lamentarán en un desierto inmenso, y arderán fuego, pues allí no habrá Tierra.

Yo vi allí algo parecido a una nube que no se veía [*bien*], pues a causa de su profundidad yo no podía ver por encima; yo vi una llama de fuego arder resplandeciente, y [*unas formas*] parecidas a montañas brillantes dando vueltas y moviéndose aquí y allá.

Y yo interrogué a uno de los ángeles santos que estaban conmigo y le dije: «¿Qué es este objeto brillante? Porque no es el Cielo, sino una llama de fuego solamente que arde, y [*tiene*] un fragor de gritos, de lloros, de lamentaciones y de gran sufrimiento».

Y él me dijo: «En este lugar que tú ves, ahí son lanzadas las almas de los pecadores, de los impíos, de los que hacen el mal, y de todos aquellos que cambian lo que ha dicho el Señor, que ha de venir, por la boca de los profetas.

»Pues de estas cosas hay libros escritos y grabados en lo alto en el Cielo, para que los ángeles las lean y que sepan lo que debe llegar a los pecadores y a las almas de los humildes, de los que han afligido su carne y han sido recompensados por Dios, de los que han sido ultrajados por los hombres malos;

»de los que han amado a Dios y no han amado el oro ni la plata, ni ninguno de los bienes que están en el mundo, y [*que*] han librado su carne a los tormentos;

»y de aquellos que después de existir no han deseado el alimento terrestre, pero son mirados como un soplo que pasa y han puesto en práctica esta [*convicción*]. El Señor las ha probado fuertemente y sus almas han sido encontradas [*suficiente-mente*] puras para bendecir su nombre.

»Yo he expuesto en los libros toda su bendición: Él les ha recompensado a ellas, pues ha sido hallado que aman más al Cielo que al soplo de este mundo, y mientras eran pisoteadas por los malos y oían los oprobios y las maldiciones y eran ultrajadas, ellas me bendecían.

»Y ahora apelaré a los espíritus de los buenos entre las generaciones de luz, y transfiguraré a los que han nacido en las tinieblas, que no han recibido en su carne honor ni gloria en recompensa, como convenía a su fe.

»Yo exhibiré en una luz refulgente a los que han amado mi nombre santo, y los haré sentar en un trono.

»Ellos brillarán en los tiempos innúmeros, pues el juicio de Dios es justo, pues Él restituirá fidelidad a los fieles en la morada de los caminos de verdad.

»Y ellos verán arrojar a las tinieblas a los que han nacido en las tinieblas, mientras que los justos brillarán.

»Pero los pecadores los verán brillar [*a los justos*], y ellos se volverán también allí donde están escritos para ellos los días y los tiempos».

EL LIBRO DE LOS SECRETOS DE ENOC[2]

2. Traducción realizada a partir de la edición de *The Books of the Secrets of Enoch* de W. R. Morfill y R. H. Charles, publicada por Oxford, Clarendon Press, 1896. Se conserva el prólogo de R. H. Charles, así como parte de la introducción de W. R. Morfill, pero se prescinde de las notas críticas que aparecían en la edición inglesa. Con ello, pretendemos ofrecer al lector general una versión didáctica y accesible de un texto clásico por otro lado plagado de señales que revelan su origen y transmisión a lo largo de los siglos. *(N. del E.)*

Prefacio

En *El Libro de los Secretos de Enoc* encontrarán una obra de enorme interés los estudiantes de la literatura apocalíptica y de los orígenes del cristianismo. Con el fin de ayudar a tales estudiosos se ha llevado a cabo esta primera edición del libro. En ciertos aspectos, también atraerá a los especialistas en asiriología. De hecho, en la medida en que mi conocimiento de tales asuntos, limitado y de segunda mano, me lo ha permitido, he tratado de referirme a los principales estudiosos en este campo.

Este libro tiene una historia singular. Durante más de 1 200 años, permaneció prácticamente desconocido, excepto en Rusia, donde se tenía ya conocimiento de él desde siglos antes. Su nombre actual nunca fue reconocido en ninguna literatura diferente de la eslava y, aun en esta, el nombre no se mantuvo completamente estable, según se observa en uno de los manuscritos (B), donde aparece bajo el título *Los Libros Secretos de Dios que fueron mostrados a Enoc*. No obstante, el libro fue ampliamente leído en numerosos círculos durante los primeros tres siglos de la Iglesia y su influencia ha dejado más rastros que muchas otras obras conocidas de la misma literatura. Es, sin duda, de gran relevancia para la exégesis. En su forma griega, probablemente circuló bajo la designación genérica de «Enoc» y ocasionalmente no se distinguía del libro más antiguo que nos ha llegado en etíope. En efecto, el presente libro representa otra supervivencia fragmentaria de la literatura que alguna vez circuló bajo el nombre de Enoc.

La existencia de un libro de este tipo en Europa Occidental fue desconocida hasta 1892, cuando un escritor en una revista alemana afirmó que existía una versión eslava del Libro Etíope de Enoc. Sin embargo, con la colaboración del señor Morfill, se demostró rápidamente que esta afirmación carecía de fundamento. Investigaciones posteriores revelaron que, en realidad, habíamos recuperado un antiguo y valioso pseudoepígrafo. El siguiente paso lógico fue asegurar su publicación, lo cual se logró gracias a la generosidad de los delegados de la Prensa.

Es comprensible que una empresa de esta naturaleza enfrente grandes dificultades, especialmente cuando se trata de un libro cuya existencia nunca había sido siquiera sospechada en el mundo académico y del cual no existe una sola alusión inequívoca en toda la literatura antigua. El editor, en un caso así, se ve obligado a recorrer caminos inexplorados y, si en sus esfuerzos por identificar el contexto literario, las opiniones religiosas, la fecha y el idioma del autor, ha incurrido en errores de percepción o juicio, no puede hacer más que confiar en la indulgencia de sus críticos.

Es de esperar que la primera edición de una obra de este tipo presente numerosas deficiencias. El editor estará agradecido por cualquier corrección y por otras aclaraciones que puedan enriquecer el texto.

Para valorar adecuadamente la importancia de este libro en la elucidación del pensamiento religioso contemporáneo y posterior, el lector debería consultar las páginas XXIX-XLVII de la «Introducción».

En conclusión, quisiera expresar mi más profunda gratitud al señor Morfill por su notable amabilidad al asumir la traducción de los textos eslavos, así como por su inagotable cortesía y dedicación en la realización de esta tarea. Le debo a él el relato detallado de los manuscritos eslavos que se encuentra en el apartado «Los manuscritos eslavos».

R. H. Carles
(1896)

Introducción

1. Breve reseña del Libro

El Libro de los Secretos de Enoc, hasta donde se sabe, se ha conservado únicamente en eslavo. Nos resultará conveniente aprovechar este hecho y hacer referencia a él como «el Enoc eslavo», para diferenciarlo del libro más antiguo de Enoc. Dado que éste último nos ha llegado en su totalidad sólo a través del etíope, también será conveniente designarlo como «el Enoc etíope».

Esta nueva pieza de la literatura enoquiana ha salido a la luz recientemente gracias a ciertos manuscritos que se encontraron en Rusia y Serbia. Mi atención se dirigió por primera vez a este hecho mientras editaba el Enoc etíope, a través de un artículo de Kozak sobre la literatura pseudoepigráfica rusa en el *Jahrbuch für Protestantische Theologie* (1892, págs. 127-158). Como en este artículo se afirmaba que existía una versión eslava del Libro de Enoc, conocida hasta entonces sólo a través de la versión etíope, de inmediato solicité ayuda al señor Morfill, y en el transcurso de unas pocas semanas tuvimos ante nosotros copias impresas de dos de los manuscritos en cuestión.

No fue necesario mucho estudio para descubrir que la afirmación de Kozak carecía absolutamente de fundamento. *El*

Libro de los Secretos de Enoc resultó ser, como pronto se reveló, un nuevo pseudoepígrafo, y en ningún sentido una versión del libro más antiguo y bien conocido de Enoc. En muchos aspectos, es de un valor no menor, como veremos más adelante.

El Enoc eslavo en su forma actual fue escrito en algún momento cerca del comienzo de la era cristiana. Su autor o editor final fue un judío helenístico y el lugar de su composición fue Egipto.

Escrito en una fecha tan temprana y en Egipto, no era de esperarse que ejerciera una influencia directa sobre los escritores del Nuevo Testamento. Por otro lado, ocasionalmente exhibe paralelismos sorprendentes en la dicción y el pensamiento, y algunos de los pasajes oscuros de éste último son casi inexplicables sin su ayuda.

El conocimiento de que tal libro alguna vez existió se perdió probablemente durante unos mil doscientos años. Sin embargo, fue muy utilizado tanto por cristianos como por herejes en los primeros siglos. Así, aparecen citas de él, aunque sin reconocimiento, en el Libro de Adán y Eva, las Apocalipsis de Moisés y Pablo (400-500 d. C.), los Oráculos Sibilinos, la Ascensión de Isaías y la Epístola de Bernabé (70-90 d. C.). Se le cita por nombre en las porciones apocalípticas de los Testamentos de Leví, Daniel y Neftalí (*c.* 1 d. C.).[3] Fue mencionado por Orígenes, por Ireneo y probablemente por Clemente de Alejandría, además de que algunas frases en el Nuevo Testamento pueden derivarse de él.

---

3. Los fundamentos para esta fecha del original no pueden ser expuestos aquí, ni tampoco la suposición, unas páginas más adelante, de que éstos surgieron de un texto hebreo.

2. Los manuscritos eslavos

La redacción eslava del texto del Libro de Enoc, que ahora se traduce al inglés por primera vez, nos ha llegado principalmente en dos versiones. Éstas son traducciones de un original griego perdido. Los manuscritos pueden clasificarse de la siguiente manera:

1. En primer lugar, aquellos manuscritos que contienen el texto completo, de los cuales se han preservado dos:

   a) Uno de estos manuscritos (A) pertenece al señor A. Khludov y proviene del sur de Rusia. Este manuscrito, que data de la segunda mitad del siglo XVII, se encuentra en un *sbornik*, o antología, que también incluye vidas de santos y otros tratados religiosos. El señor A. Popov publicó este texto en *Transactions of the Historical and Archaeological Society of the University of Moscow*, vol. III (Moscú, 1880). Lamentablemente, el texto está muy corrompido en muchos pasajes. A pesar de ello, conforma la base del presente texto. En los lugares donde está corrupto, sin embargo, se han realizado intentos de ofrecer una versión más sólida a partir de otros manuscritos.

   b) Un manuscrito (Sok) descubierto por el profesor Sokolov de Moscú en la Biblioteca Pública de Belgrado en el año 1886. Ésta es una recensión búlgara y la ortografía pertenece al período medio búlgaro. Este manuscrito es probablemente del siglo XVI. Contiene el relato del sacerdocio de Matusalén y Nir, el nacimiento de Melquisedec y el Diluvio.

2. Existe también una redacción abreviada e incompleta del texto, de la cual se conocen tres manuscritos:

a) Uno (B) conservado en la Biblioteca Pública de Belgrado, que es una redacción serbia publicada por Novaković en el decimosexto volumen de la revista literaria *Starine* (Agram, 1884). Este manuscrito, que data del siglo XVI, ofrece lecturas especialmente interesantes en muchos pasajes;

b) Un manuscrito en la Biblioteca Pública de Viena, que es casi idéntico al anterior;

c) Un manuscrito del siglo XVII que pertenece al señor E. Barsov de Moscú.

De los manuscritos mencionados, tengo conocimiento directo sólo de A y B. Mi conocimiento del resto de manuscritos proviene indirectamente del texto preparado por el profesor Sokolov, el cual se basa en todos los manuscritos mencionados. Lamentablemente, este texto no distingue de manera completa entre las diferentes fuentes. Por lo tanto, para evitar confusiones, el texto designado como «Sok» debe entenderse como representativo de todas las autoridades, excepto A y B.

Otros fragmentos del Libro de Enoc se encuentran en los Memoriales de la Literatura Apócrifa Rusa de Tikhonravov (Памятники русской апокрифической литературы) y en los Memoriales de la Antigua Literatura Rusa de Pypin

(Памятники старинной русской литературы). A través de alusiones y citas en la literatura eslava temprana, podemos ver que estos manuscritos tardíos son sólo copias de otros mucho más antiguos, que se han perdido. Así, Tikhonravov cita un manuscrito del siglo XIV.

La tarea del traductor ha sido relativamente sencilla: ofrecer un texto que sea útil para los estudiantes occidentales de la literatura apócrifa. Con este objetivo en mente, se han subordinado las cuestiones filológicas, por lo que mis colegas eslavos no deben culparme por no haber profundizado más en los aspectos lingüísticos. Estos temas serían inapropiados en esta ocasión: ciertamente, el momento para un trabajo de esa naturaleza aún no ha llegado en Inglaterra. Mi traducción habrá cumplido su propósito si permite a mi amigo, el reverendo R. H. Charles, abordar el tema de manera tan completa y erudita como lo ha hecho desde la perspectiva de la literatura apócrifa bíblica.

En conclusión, me complace haber podido contribuir, aunque sea modestamente, a estos estudios a través del señor Charles. También deseo expresar mi gratitud a los profesores Sokolov y Pavlov de la Universidad de Moscú. Al primero, por permitirme utilizar su texto enmendado y proporcionarme valiosas notas sobre algunos pasajes oscuros; y al segundo, por el amable interés que ha mostrado en este libro.

W. R. Morfill
(1896)

El libro de los secretos de Enoc

El hijo de Jared; un hombre sabio
y amado por Dios

Sobre la vida y el sueño de Enoc

Había un hombre muy sabio y hacedor de grandes cosas: Dios lo amó y lo acogió, para que pudiera ver las moradas celestiales, los reinos del Dios sabio, grande, inconcebible e inmutable, el Señor de todos, la maravillosa y gloriosa, brillante y omnividente estación de los siervos del Señor, así como el trono inaccesible del Señor y los grados y manifestaciones de las huestes incorpóreas, y para que fuera testigo ocular de los ministerios indecibles de la multitud de criaturas, así como de la apariencia cambiante, del canto indescriptible de la hueste de querubines y del mundo inconmensurable.

Capítulo I

En ese momento dijo: «Apenas había cumplido ciento sesenta y cinco años cuando engendré a mi hijo Matusalén; después de eso viví doscientos años y cumplí así todos los años de mi vida, trescientos sesenta y cinco años.

»El primer día del primer mes estaba solo en mi casa, y descansé en mi cama y dormí.

»Y mientras dormía, una gran tristeza invadió mi corazón, y lloré en sueños, y no podía entender qué significaba esta tristeza, ni qué me iba a suceder.

»Y se me aparecieron dos hombres muy altos, como nunca antes había visto en la Tierra.

»Y sus rostros brillaban como el Sol, y sus ojos eran como lámparas ardientes; y de sus labios salía fuego. Sus vestimentas parecían plumas: sus pies eran púrpuras, sus alas más brillantes que el oro; sus manos más blancas que la nieve. Se pararon a la cabecera de mi cama y me llamaron por mi nombre.

»Desperté de mi sueño y vi claramente a estos hombres de pie frente a mí.

»Me apresuré y les hice una reverencia y me aterroricé, y todo mi rostro cambió debido al miedo.

»Y estos hombres me dijeron: "Alégrate, Enoc, no tengas miedo; el Dios eterno nos ha enviado a ti, y he aquí, hoy ascenderás con nosotros al Cielo.

»Y dile a tus hijos y a tus siervos, a todos los que trabajan en tu casa, que nadie te busque hasta que el Señor te devuelva a ellos".

»Y me apresuré a obedecerlos y salí de mi casa. Llamé a mis hijos Matusalén, Regim y Gaidal, y les conté las cosas maravillosas que los dos hombres me habían dicho».

Capítulo II
La instrucción: cómo Enoc enseñó a sus hijos

Escuchadme, hijos míos, porque no sé adónde voy ni qué me espera.

Ahora, hijos míos, os digo: no os apartéis de Dios; caminad ante el rostro del Señor y guardad sus juicios. No adoréis a dioses vanos que no hicieron el Cielo y la Tierra, porque éstos perecerán, y también perecerán quienes los adoran.

Pero que Dios fortalezca vuestros corazones en el temor de Él.

Y ahora, hijos míos, que nadie me busque hasta que el Señor me devuelva a vosotros».

Capítulo III
Sobre la ascensión de Enoc; cómo los ángeles lo llevaron al primer Cielo

Y sucedió que cuando hube hablado con mis hijos, estos hombres me llamaron y me tomaron en sus alas y me colocaron sobre las nubes. Y he aquí, las nubes se movieron.

Y de nuevo [*subiendo*] más alto, vi el aire y [*subiendo aún más*] vi el éter, y me colocaron en el primer Cielo.

Y me mostraron un mar muy grande, mayor que el mar terrenal.

Capítulo IV
De los ángeles que gobiernan las estrellas

Y trajeron ante mí a los ancianos y a los gobernantes de las órdenes de las estrellas, y me mostraron los doscientos ángeles que gobiernan las estrellas y su servicio celestial.

Y vuelan con sus alas y recorren [*las estrellas*] mientras flotan.

Capítulo V
Cómo los ángeles guardan las moradas de la nieve

Y entonces miré y vi los tesoros de la nieve y el hielo, y los ángeles que guardan sus terribles almacenes;

Y los tesoros de las nubes de donde salen y adonde entran.

Capítulo VI
Sobre el rocío y el aceite, y los diferentes colores

Y me mostraron los tesoros del rocío, como aceite para ungir, y su forma era como la de todos los colores terrenales: también muchos ángeles guardaban sus tesoros y los cerraban y abrían.

Capítulo VII
Cómo Enoc fue llevado al segundo Cielo

Y los hombres me tomaron y me llevaron al segundo Cielo, y me mostraron la oscuridad, y allí vi a los prisioneros suspendidos, reservados para [y] esperando el Juicio Eterno.

Y estos ángeles eran sombríos en apariencia, más que la oscuridad de la Tierra, y lloraban sin cesar cada hora, y les dije a los hombres que estaban conmigo: «¿Por qué son estos hombres continuamente atormentados?».

Y los hombres me respondieron: «Éstos son los que apostataron del Señor, los que no obedecieron los mandamientos de Dios, y tomaron consejo de su propia voluntad y transgredieron junto con su príncipe y ya han sido confinados al segundo Cielo».

Y sentí gran compasión por ellos.

Y he aquí, los ángeles me hicieron reverencias y me dijeron: «¡Oh, hombre de Dios! Ora por nosotros al Señor».

Y les respondí: «¿Quién soy yo, un mero mortal, para orar por los ángeles? ¿Quién sabe adónde voy, o qué me espera, o quién ora por mí?».

Capítulo VIII
De la ascensión de Enoc al tercer Cielo

Y estos hombres me sacaron de allí y me llevaron al tercer Cielo, y me colocaron en medio de un jardín, un lugar tal como nunca se ha conocido por la hermosura de su apariencia.

Y vi todos los árboles de hermosos colores y sus frutos maduros y aromáticos, y todo tipo de alimentos que producían, brotando con mucha fragancia.

Y en medio [*del jardín está*] el Árbol de la Vida, en ese lugar, sobre el cual Dios descansa cuando viene al Paraíso. Y este árbol no puede ser descrito por su excelencia y dulce aroma.

Y es más hermoso que cualquier cosa jamás creada. Y, por todos los lados, parece como hecho de oro y carmesí y transparente como el fuego, y lo cubre todo.

Desde su raíz en el jardín salen cuatro ríos que vierten miel y leche, aceite y vino, y se separan en cuatro direcciones, y fluyen suavemente.

Y descienden al Paraíso del Edén, entre la corrupción y la incorruptibilidad. Y desde allí recorren la Tierra, y tienen un movimiento circular como también los otros elementos.

Y hay otro árbol, un olivo, que siempre destila aceite. Y no hay árbol allí sin fruto, y cada árbol es bendecido.

Y hay trescientos ángeles muy gloriosos que custodian el jardín, y con voces incesantes y cantos benditos sirven al Señor todos los días. Y dije: «¡Qué lugar tan bendito es éste!». Y esos hombres me hablaron:

Capítulo IX
La revelación a Enoc de los justos y el lugar de las oraciones

«Este lugar, oh Enoc, está hecho para los justos que soportan todo tipo de ataques en sus vidas por parte de aquellos que afligen sus almas, para los que alejan sus ojos de la injusticia, y realizan un juicio justo, y también dan pan al hambriento, y visten al desnudo, y levantan al caído, y ayudan a los huérfanos que están oprimidos, y caminan sin culpa ante el rostro del Señor, y sólo le sirven a Él. Para ellos este lugar está preparado como una herencia eterna».

Capítulo X
Aquí mostraron a Enoc los lugares terribles y varios tormentos

Y los hombres entonces me llevaron a la región del norte, y allí me mostraron un lugar muy terrible.

Y allí ocurrían todo tipo de tormentos. Oscuridad salvaje e impenetrable tiniebla; y no hay luz allí, sino un fuego sombrío que arde constantemente, y un río de fuego fluye. Todo ese lugar está rodeado de fuego por todos lados, y por todos lados hay frío y hielo, de modo que se quema y congela.

Y los prisioneros son muy salvajes. Y los ángeles son terribles y sin piedad, y portan armas salvajes, y su tortura es despiadada.

Y dije: «¡Ay! ¡Qué lugar tan terrible es éste!». Y los hombres me dijeron: «Este lugar, Enoc, está preparado para aquellos que no honran a Dios; aquellos que cometen malas acciones en la Tierra, *vitium sodomiticum*, brujería, hechizos, magia diabólica; y que se jactan de sus malas acciones, de sus robos, mentiras, calumnias, envidia, pensamientos malignos, fornicación y asesinato.

»Aquellos que roban las almas de los hombres desdichados, oprimiendo a los pobres y despojándolos de sus posesiones, y se enriquecen apropiándose de las pertenencias de otros, infringiéndoles daño. Aquellos que, pudiendo alimentar a los hambrientos, les permiten morir de hambre; aquellos que, pudiendo vestirlos, los dejan desnudos.

»Aquellos que no conocen a su Creador y han adorado dioses sin vida; que ni pueden ver ni oír, pues son dioses vanos, y han modelado formas de ídolos, y se postran ante una cosa despreciable, hecha con manos humanas; para todos estos, este lugar está preparado como herencia eterna».

Capítulo XI
Entonces llevaron a Enoc al cuarto Cielo, donde está el curso del Sol y la Luna

Y los hombres me tomaron y me condujeron al cuarto Cielo, y me mostraron todos los movimientos de ida y vuelta y todos los rayos de luz del Sol y la Luna. Y medí sus movimientos, y calculé su luz.

Y vi que la luz del Sol es siete veces mayor que la de la Luna. Observé su círculo, y su carro sobre el cual cada uno se mueve cual viento, avanzando con asombrosa rapidez, y no tienen descanso ni de día ni de noche, pues van y vienen.

Hay cuatro grandes estrellas; cada estrella tiene debajo de ella mil estrellas, a la derecha del carro del Sol; y cuatro a la izquierda, cada una con mil estrellas debajo, sumando en total ocho mil.

Quince miríadas de ángeles salen con el Sol y lo acompañan durante el día, y por la noche, mil. Cada ángel tiene seis alas. Ellos van delante del carro del Sol.

Y cien ángeles mantienen caliente e iluminado el Sol.

Capítulo XII
De las criaturas maravillosas del Sol

Y miré y vi otras criaturas voladoras, sus nombres eran fénixes y chalkadri, maravillosas y extrañas en apariencia, con los pies y colas de león, y las cabezas de cocodrilo; su apariencia era de un color púrpura, como el arcoíris; su tamaño era de novecientas medidas.

Sus alas eran como las de los ángeles, cada una tenía doce, y ellos acompañan al carro del Sol, y van con él, llevando el calor y el rocío, como son ordenados por Dios.

Así que el Sol realiza sus vueltas, y va bajo los Cielos y va bajo la Tierra con la luz de sus rayos incesantemente.

Capítulo XIII
Los ángeles tomaron a Enoc y lo colocaron al este en las puertas del Sol

Estos hombres me llevaron al este y me mostraron las puertas por las cuales el Sol sale en las estaciones designadas y según el paso de los meses de todo el año y según el número de las horas, de día y de noche.

Y vi las seis grandes puertas abrirse, cada puerta con sesenta y un estadios y un cuarto de estadio; y las medí con precisión y entendí que su tamaño era así de grande, y que por ellas sale el Sol; y se dirige al oeste y sigue su curso correspondiente. Y así procede durante todos los meses.

Y por las primeras puertas sale durante cuarenta y dos días; por las segundas puertas, treinta y cinco días; por las cuartas puertas, treinta y cinco; por las quintas puertas, treinta y cinco; por las sextas, cuarenta y cinco.

Y de este modo regresa desde las sextas puertas en el transcurso del tiempo; y entra por las quintas puertas durante treinta y cinco días, por las cuartas puertas durante treinta y cinco, por las terceras puertas durante treinta y cinco días, por las segundas puertas durante treinta y cinco.

Y así los días de todo el año se completan de acuerdo con la alternancia de las cuatro estaciones.

Capítulo XIV
Llevaron a Enoc al oeste

Y entonces estos hombres me llevaron al oeste de los Cielos y me mostraron seis grandes puertas abiertas, correspondientes a las puertas del este, frente a las cuales el Sol sale por las puertas del este, según el número de días trescientos sesenta y cinco y un cuarto de día.

Así se pone por las puertas del oeste. Cuando sale por las puertas del oeste, cuatrocientos ángeles toman su corona y la llevan al Señor.

Y el Sol gira en su carro y va sin luz durante siete horas completas en la noche. Y cuando se acerca al este en la octava hora de la noche, los cuatrocientos ángeles traen su corona y lo coronan.

Capítulo XV
Las criaturas del Sol; los fénixes y chalkidri cantaron

Entonces cantaron las criaturas llamadas los fénixes y chalkidri. Por esta razón, cada ave aplaude con sus alas, alegrándose por el dador de luz, y cantaron una canción por mandato del Señor.

El dador de luz viene a dar su brillo a todo el mundo.

Y me mostraron el cálculo del movimiento del Sol. Y las puertas por las cuales entra y sale son grandes puertas, que Dios hizo para el cómputo del año.

Por esta razón el Sol es grande.

Capítulo XVI
Los hombres llevaron a Enoc y lo colocaron en el este, en el curso de la Luna

Los hombres me mostraron el otro cálculo, el de la Luna; todas las idas y vueltas.

Y me señalaron las puertas: doce grandes puertas que se extienden de oeste a este, por las cuales la Luna entra y sale cuando le corresponde.

Ella entra por la primera puerta cuando el Sol está en el oeste, durante treinta y un días exactos; por la segunda puerta, treinta y un días exactos; por la tercera puerta, treinta días exactos; por la cuarta puerta, treinta días exactos; por la quinta puerta, treinta y un días exactos; por la sexta puerta, treinta y un días exactos; por la séptima puerta, treinta días exactos; por la octava puerta, treinta y un días exactos; por la novena puerta, treinta y un días exactos; por la décima puerta, treinta días exactos; por la undécima puerta, treinta y un días exactos; por la duodécima puerta, veintiocho días exactos.

Y así, por las puertas del oeste en sus ciclos, y correspondiendo al número de puertas del este, recorre y completa el año.

Y para el Sol hay trescientos sesenta y cinco días y un cuarto de día.

Pero en el año lunar hay trescientos cincuenta y cuatro días, haciendo doce meses de veintinueve días; y quedan once días adicionales, que pertenecen al círculo solar del año completo, y son epactas lunares del año completo. Así, el gran círculo tiene quinientos treinta y dos años.

La cuarta parte [*de un día*] se descuida durante tres años y el cuarto año la completa exactamente. Por esto, se omiten en los Cielos durante tres años y no se añaden al número de días, lo que causa que éstos cambien las estaciones del año en dos meses nuevos, para completar el número, y hay otros dos que disminuyen.

Y cuando ella ha pasado por las puertas del oeste, regresa y va al este, con su luz, y así va de día y de noche en los círculos celestiales, por debajo de todos los círculos más rápidamente que los vientos de los Cielos, y hay espíritus y criaturas, y ángeles volando, cada ángel con seis alas.

Y se computan siete [*meses*] para el círculo de la Luna durante un ciclo de diecinueve años.

Capítulo XVII
Del canto de los ángeles, que no puede describirse

En medio de los Cielos vi un ejército armado sirviendo al Señor con címbalos y órganos, y una voz incesante. Me deleité al escucharlo.

Capítulo XVIII
Del ascenso de Enoc al quinto Cielo

Los hombres me tomaron y me llevaron al quinto Cielo, y vi allí innumerables ejércitos llamados grigori; y su apariencia era como la de hombres, y su tamaño era mayor que el de los gigantes.

Y sus rostros estaban marchitos y sus labios siempre en silencio. Y no había servicio en el quinto Cielo. Y dije a los hombres que estaban conmigo: «¿Por qué estos hombres están tan marchitos, y sus rostros melancólicos, y sus labios en silencio, y no hay servicio en este Cielo?».

Y me dijeron: «Éstos son los grigori, que, junto con su príncipe Satanel, rechazaron al santo Señor.

»Y como consecuencia de estas cosas están retenidos en una gran oscuridad en el segundo Cielo; y de ellos fueron tres a la Tierra, desde el trono de Dios, al lugar llamado Hermón; y tuvieron tratos en el lado del monte Hermón, y vieron a las hijas de los hombres, que eran hermosas, y las tomaron para sí como esposas.

»Y ensuciaron la Tierra con sus obras. Y actuaron sin ley en todos los tiempos de esta era, y causaron confusión, y nacieron los gigantes y los hombres extrañamente altos, y hubo mucha maldad.

»Y por esto, Dios los juzgó con un juicio poderoso. Y ellos se lamentan por sus hermanos, y serán castigados en el gran día del Señor».

Y dije a los grigori: «He visto a vuestros hermanos y vuestras obras, y vuestros grandes tormentos. Y he orado por vosotros, pero Dios os ha condenado [*a estar*] bajo la Tierra, hasta que los Cielos y la Tierra terminen para siempre».

Y dije: «¿Por qué esperáis, hermanos, y no servís ante la presencia del Señor, y así cumplís vuestros deberes ante la presencia del Señor, y no enfadáis a vuestro Señor hasta el final?».

Y escucharon mi reprensión. Y se colocaron en los cuatro órdenes en este Cielo y, he aquí, mientras estaba de pie junto a estos hombres, cuatro trompetas y una voz muy fuerte resonaron, y los grigori cantaron al unísono, y sus voces se elevaron ante el Señor con tristeza y ternura.

Capítulo XIX
El ascenso de Enoc al sexto Cielo

Y estos hombres me sacaron de allí y me llevaron al sexto Cielo, y vi allí siete grupos de ángeles, muy brillantes y gloriosos, y sus rostros resplandecían más que los rayos del Sol. Están radiantes, y entre ellos no hay diferencia en sus rostros, ni en su forma, ni en el estilo de su vestimenta.

Y estas órdenes organizan y estudian el movimiento de las estrellas, y los cambios del ciclo lunar, y los ciclos del Sol, y supervisan el buen o mal estado del mundo.

Y organizan enseñanzas, instrucciones, palabras dulces, y canto, y toda clase de gloriosas alabanzas. ¡Éstos son los Arcángeles que han sido designados sobre los ángeles! Ellos mantienen a todos los seres vivos tanto en el Cielo como en la Tierra.

Y allí están los ángeles que supervisan las estaciones y los años, y los ángeles que supervisan los ríos y el mar, y los que supervisan los frutos de la Tierra, y los ángeles sobre cada hierba, dando toda clase de alimento a cada ser viviente.

Y los ángeles sobre todas las almas de los hombres, que escriben todas sus obras y sus vidas ante la presencia del Señor.

En medio de ellos hay siete Fénix y siete Querubines, y siete criaturas de seis alas, siendo como una sola voz y cantando al unísono; y no es posible describir su canto, y ellos se regocijan ante el Señor en Su escabel.

Capítulo XX
De allí, Enoc es llevado al séptimo Cielo

Y estos hombres me sacaron de allí y me llevaron al séptimo Cielo, y vi allí una gran luz y todos los huestes de fuego de los grandes arcángeles, y poderes incorpóreos, y señoríos, y principados, y potestades; querubines y serafines, tronos y la vigilancia de muchos ojos. Había diez tropas, una estación de resplandor, y tuve miedo, y temblé con gran terror.

Y aquellos hombres me tomaron y me llevaron al centro, y me dijeron: «Ánimo, Enoc, no temas».

Y me mostraron al Señor desde lejos sentado en Su trono elevado. Y todos los ejércitos celestiales, habiéndose acercado, se pusieron de pie en los diez escalones, según su rango: e hicieron una reverencia al Señor.

Y así procedieron a irse a sus respectivos lugares con alegría y regocijo, y en luz infinita cantando canciones con voces bajas y suaves, y sirviéndole gloriosamente.

Capítulo XXI
Cómo los ángeles colocaron a Enoc en los límites del séptimo Cielo y se alejaron de él sin ser percibidos

No se van ni parten, ni de día ni de noche, y permanecen ante la presencia del Señor, haciendo Su voluntad, querubines y serafines, rodeando Su trono. Y las criaturas de seis alas cubren todo Su trono, cantando con una voz suave ante la presencia del Señor: «¡Santo, Santo, Santo: Señor Dios de los ejércitos! ¡El Cielo y la Tierra están llenos de Tu gloria!».

Cuando vi todas estas cosas, estos hombres me dijeron: «Enoc, nos han ordenado acompañarte hasta este momento». Y esos hombres se alejaron de mí, y ya no los vi más. Y permanecí solo en el extremo del Cielo, y tuve miedo, y caí sobre mi rostro, y me dije a mí mismo: «¡Ay de mí! ¿Qué me ha ocurrido?».

Y el Señor envió a uno de Sus gloriosos Arcángeles, Gabriel, y me dijo: «Ánimo, Enoc, no temas, levántate, ven conmigo y permanece ante la presencia del Señor para siempre».

Y le respondí: «¡Oh! Señor, mi espíritu me ha dejado por el miedo y el temblor. Llama a los hombres que me han traído a este lugar: en ellos he confiado, y con ellos quisiera presentarme ante la presencia del Señor».

Y Gabriel me llevó rápidamente, como una hoja llevada por el viento, me tomó y me colocó ante la presencia del Señor.

Capítulo XXII

Me postré y adoré al Señor.

Y el Señor habló con Sus labios para mí: «Ánimo, Enoc, no temas: levántate y permanece ante mi rostro para siempre».

Y Miguel, el primer Arcángel, me levantó y me trajo ante la presencia del Señor, y el Señor dijo a Sus siervos, poniéndolos a prueba: «¡Que Enoc venga a estar ante mi rostro para siempre!».

Y los gloriosos hicieron reverencia al Señor y dijeron: «¡Que así sea, según tu palabra, para Enoc!».

Y el Señor dijo a Miguel: «Ve y quita a Enoc su vestidura terrenal, y úngele con Mi santo aceite, y vístelo con el ropaje de Mi gloria».

Y así Miguel hizo, como el Señor le había dicho. Él me ungió y me vistió, y la apariencia de ese aceite era más que una gran luz, y su unción era como un rocío excelente; y su fragancia como mirra, y brillaba como un rayo de Sol.

Y me miré a mí mismo, y era como uno de Sus gloriosos. Y no había diferencia, y el miedo y el temblor desaparecieron.

Y el Señor llamó a uno de Sus Arcángeles, de nombre Uriel, que era más sabio que los otros Arcángeles, y escribía todos los actos del Señor.

Y el Señor dijo a Uriel: «Trae los libros de mis almacenes, y dale a Enoc una caña, e interprétale los libros». Y Uriel se apresuró y me trajo los libros, que olían a mirra, y me dio una caña de su mano.

Capítulo XXIII
De cómo Enoc escribió acerca de sus maravillosos viajes y las visiones celestiales, y él mismo escribió trescientos sesenta y seis libros

Y me contó todas las obras del Cielo y de la Tierra y del mar, y sus idas y venidas, el ruido de los truenos; el Sol y la Luna y el movimiento de las estrellas; sus cambios; las estaciones y los años; días y horas; y los movimientos de los vientos; y el número de los ángeles; los cánticos de los ejércitos armados.

Y todo lo relacionado con el hombre, y cada idioma de sus cánticos, y las vidas de los hombres, y los preceptos e instrucciones, y los cánticos de voz dulce, y todo lo que es adecuado para ser instruido.

Y Uriel me instruyó durante treinta días y treinta noches, y sus labios no dejaron de hablar; y yo no dejé de escribir durante treinta días y treinta noches todas las observaciones.

Y Uriel me dijo: «Todas las cosas que te he contado, las has escrito. Siéntate y escribe todo acerca del alma de los hombres, de aquellos que todavía no han nacido, y de los lugares que han sido preparados para ellos para siempre».

Porque cada alma fue creada eternamente antes de la creación del mundo, y preparada para ellos para siempre.

Y escribí todo sin pausa durante treinta días y treinta noches, y lo copié todo con precisión, y escribí trescientos sesenta y seis libros.

Capítulo XXIV

De los grandes secretos de Dios, que Dios reveló y contó a Enoc, y habló con él cara a cara

Y el Señor me llamó y me dijo: «Enoc, siéntate a Mi izquierda con Gabriel». Y yo obedecí al Señor.

Y el Señor me habló: «Enoc, las cosas que ves en reposo y en movimiento fueron creadas por Mí. Y ahora te contaré a ti, incluso desde el principio, qué cosas creé de lo inexistente, y qué cosas visibles de lo invisible.

»Ni siquiera a Mis ángeles les he contado Mis secretos, ni les he informado de su origen, ni han entendido Mi infinita creación, de la que te hablo hoy.

»Porque antes de que existiera cualquier cosa visible, Yo sólo me movía entre las cosas invisibles, como el Sol, desde el este hacia el oeste, y desde el oeste hacia el este.

»Incluso el Sol tiene descanso, pero Yo no encontré descanso, porque estaba creando todo. Y planifiqué poner los cimientos y hacer la creación visible».

Capítulo XXV
Dios le cuenta a Enoc cómo de la más profunda oscuridad surge lo visible y lo invisible

Y ordené en las profundidades que lo visible surgiera de lo invisible. Y salió Adoil, muy grande, y lo contemplé. Y, he aquí, su color era rojo, de gran resplandor.

Y le dije: «Rómpete, Adoil, y que salga de ti lo que tiene que salir».

Y se rompió, y surgió una gran luz, y yo estaba en medio de ella, y mientras la luz salía de la luz, surgió el gran mundo, revelando toda la creación, que Yo había planeado hacer, y vi que era bueno.

Y me hice un trono, y me senté sobre él, y le dije a la luz: «Continúa, hacia arriba, y establécete sobre mi trono, y sé el fundamento de las cosas elevadas».

Y no había nada más alto que la luz, y mientras me reclinaba, la vi desde Mi trono.

Capítulo XXVI

Dios llama nuevamente desde las profundidades y surgieron Arkhas, lo pesado y que es muy rojo

Y llamé por segunda vez desde las profundidades, y dije: «Que lo sólido, que es visible, surja de lo invisible». Y Arkhas surgió firme y pesado y muy rojo.

Y dije: «Divídete, oh Arkhas, y que se vea lo que se produce de ti». Y cuando éste se dividió, surgió el mundo, oscuro y grande, trayendo la creación de todas las cosas inferiores.

Y vi que era bueno. Y le dije: «Desciende y establece. Y sé el fundamento de las cosas inferiores»; y así fue. Y surgió y se estableció, y fue fundamento de las cosas inferiores. Y no había nada más por debajo de la oscuridad.

Capítulo XXVII

Cómo Dios estableció el agua, la rodeó con luz y estableció sobre ella siete islas

Y ordené que hubiera una separación entre la luz y la oscuridad, y dije: «Que haya una sustancia densa», y así fue.

Y extendí esto y había agua; y la extendí sobre la oscuridad, debajo de la luz.

Y así hice firme las aguas, es decir, las profundidades, y rodeé las aguas con luz, y creé siete círculos y los formé como cristal, húmedo y seco, es decir, como vidrio y hielo, e hice con las aguas lo mismo que con los otros elementos: les mostré a cada uno sus caminos, [es decir] a las siete estrellas, cada una en su Cielo, cómo debían ir; y vi que era bueno.

Y separé la luz de la oscuridad; es decir, separé las aguas, aquí y allá. Y le dije a la luz: «Que sea de día». Ya la oscuridad: «Que sea de noche». Y fue la tarde y la mañana, fue el primer día.

Capítulo XXVIII

Y así hice firmes los círculos de los Cielos, y provoqué que las aguas debajo, que están bajo los Cielos, se reunieran en un solo lugar, y que las olas se secaran, y así fue.

De las olas hice piedras firmes y grandes, y de las piedras amontoné una sustancia seca, y llamé a la sustancia seca Tierra.

Y en medio de la Tierra hice un pozo, es decir, un abismo.

Reuní al mar en un solo lugar, y lo contuve con un yugo. Y le dije al mar: «¡He aquí! Te doy una porción eterna y no te moverás de tu posición establecida». Así hice firme el firmamento y lo fijé sobre el agua.

A esto lo llamé el primer día de la Creación. Luego fue la tarde, y nuevamente la mañana, y fue el segundo día.

Capítulo XXIX

Y para todas las huestes celestiales formé una naturaleza semejante al fuego, y Mi ojo contempló la piedra firme y dura. Y del brillo de Mi ojo, el relámpago recibió su naturaleza maravillosa. Y el fuego está en el agua y el agua en el fuego, y ninguno se apaga, ni el otro se seca. Por esta razón, el relámpago es más brillante que el Sol, y el agua suave es más fuerte que la piedra dura. Y de la piedra corté el fuego poderoso. Y del fuego hice las filas de los ejércitos espirituales, diez mil ángeles, y sus armas son de fuego y sus vestiduras son llamas encendidas, y así les ordené que se mantuvieran cada una en sus posiciones.

Aquí, Satanel fue arrojado desde las alturas junto con sus ángeles

Uno de éstos en las filas de los Arcángeles, habiendo desviado su mirada con respecto al rango inferior al suyo, consideró una idea imposible: que él debería hacer su trono más alto que las nubes sobre la Tierra, y debería ser igual en rango a Mi poder.

Y lo arrojé desde las alturas con sus ángeles, y así continuó volando para siempre en el aire, sobre el abismo.

Capítulo XXX

Así que creé todos los Cielos, y fue el tercer día. En el tercer día, ordené que la Tierra produjera grandes árboles, tales como los que dan fruto, y montañas, y toda clase de hierbas y toda semilla que se siembra. Y planté el Paraíso, y lo rodeé, y coloqué ángeles de fuego armados, y así hice una renovación.

Entonces fue la tarde, y luego la mañana del cuarto día. En el cuarto día, ordené que hubiera grandes luces en los círculos de los Cielos.

En el primer y más alto círculo coloqué la estrella Kruno; y en el segundo, Afrodita; en el tercero, Ares; en el cuarto, el Sol; en el quinto, Zeus; en el sexto, Hermes; en el séptimo, la Luna.

Y adorné el Cielo inferior con las estrellas menores.

Y coloqué el Sol para dar luz al día, y la Luna y las estrellas para dar luz a la noche; el Sol para que avanzara según cada signo del zodíaco; y el curso de la Luna a través de los doce signos del zodíaco.

Y fijé sus nombres y existencia; los truenos y los ciclos de las horas, cómo se llevan a cabo.

Entonces fue la tarde y la mañana del quinto día. En el quinto día, ordené que el mar produjera peces, y aves aladas de toda clase, y todas las cosas que se arrastran sobre la Tierra, y los cuadrúpedos que andan por la Tierra, y las cosas que vuelan en el aire, macho y hembra, y toda cosa viviente que respira vida.

Y fue la tarde y la mañana del sexto día. En el sexto día, ordené a Mi Sabiduría que hiciera al hombre de siete sustancias:

1. su carne de la Tierra; 2. su sangre del rocío; 3. sus ojos del Sol; 4. sus huesos de las piedras; 5. sus pensamientos de la rapidez de los ángeles y las nubes; 6. sus venas y cabello de la hierba de la Tierra; 7. su alma de Mi espíritu y del viento.

Y le di siete naturalezas: audición a su cuerpo, vista a sus ojos, olfato a la percepción, tacto a las venas, gusto a la sangre, huesos para la resistencia, dulzura para el pensamiento.

Concebí algo delicado: de la naturaleza invisible y visible hice al hombre. De ambos son su muerte y su vida, así como su forma; y la palabra fue como un acto: pequeña en lo grande, y grande en lo pequeño.

Y lo coloqué sobre la Tierra; como un segundo ángel, de manera honorable y gloriosa.

Y lo hice un gobernante para reinar sobre la Tierra, y para tener Mi sabiduría. Y no había nadie como él sobre la Tierra entre todas Mis creaciones.

Y le di un nombre a los cuatro puntos cardinales: el este, el oeste, el norte y el sur.

Y designé para él cuatro estrellas especiales, y le di el nombre de Adán.

Y le di su voluntad, y le mostré los dos caminos: la luz y la oscuridad. Y le dije: «Esto es bueno y esto es malo»; y [le dije] que yo sabría si él me ama o me odia, y que él y los de su raza debían amarme.

Yo conocía su naturaleza, él no conocía su naturaleza. Por lo tanto, su ignorancia es tal desgracia para él que peca; y [por ellos] designé la muerte en razón de su pecado.

Lo hice dormir, y él se sumió en el sueño. Y tomé de su costado una de sus costillas y le hice una esposa.

Y por medio de su esposa vino la muerte, y recibí su última palabra. Y le puse un nombre, el nombre de la madre, es decir, Eva.

Capítulo XXXI

Dios le da el Paraíso a Adán, y le concede el conocimiento, para que pueda ver los Cielos abiertos y contemplar a los ángeles cantando un himno de triunfo

Adán vivió en la Tierra, y yo hice un jardín en el Edén en el este. Y [*ordené*] que observara la ley y cumpliera la instrucción.

Hice que los Cielos se abrieran para que pudiera ver a los ángeles cantando el himno de triunfo. Y había luz, ninguna oscuridad, continuamente, en el Paraíso.

Y el diablo pensó en crear otro mundo, ya que las cosas estaban gobernadas por Adán en la Tierra, para gobernarla y tener dominio sobre ella.

El diablo era el espíritu maligno de los lugares más bajos; se convirtió en Satanás después de dejar los Cielos. Su nombre era antes Satanel.

Y entonces, aunque se volvió diferente de los ángeles en naturaleza, no cambió su entendimiento sobre los pensamientos justos y pecaminosos. Entendió el juicio que se hizo sobre él y el pecado que había cometido.

Y, a causa de esto, ideó planes contra Adán; de tal manera que entró y engañó a Eva. Pero no tocó a Adán.

Y lo maldije por su ignorancia. Pero a aquellos a quienes antes había bendecido, no los maldije.

Ni maldije tampoco al hombre, ni a la Tierra, ni a otras cosas creadas, sino sólo el fruto maligno del hombre, y luego sus obras.

Capítulo XXXII

A causa del pecado de Adán, Dios lo envía a la Tierra —«de donde te tomé»—, pero no desea destruirlo en la vida venidera

Le dije: «Tierra eres, y a la Tierra de donde te tomé regresarás. No te destruiré, sino que te enviaré al lugar de donde te tomé. Luego también podré tomarte en Mi segunda venida»; y he bendecido toda Mi creación, visible e invisible.

Y bendije el séptimo día, que es el Sabbath, porque en él descansé de todas Mis labores.

Capítulo XXXIII

Dios le muestra a Enoc la duración de este mundo: siete mil años, y el octavo mil es el fin. No habrá años, ni meses, ni semanas, ni días

Luego también establecí el octavo día. Que el octavo día sea el primero después de Mi obra, y que los días que se sigan de esos siete mil años sean todos de la misma naturaleza.

Y que los días al principio del octavo milenio no tengan cómputo, y no haya fin; ni años, ni meses, ni semanas, ni días, ni horas.

Y ahora Enoc, lo que te he contado, y lo que has entendido, y las cosas celestiales que has visto, y lo que has presenciado en la Tierra, y lo que has escrito en los libros, gracias a Mi sabiduría, todas estas cosas las concebí para crearlas, y diseñé desde lo más elevado hasta lo más bajo, y hasta el final.

Y no hay consejero ni heredero de Mis obras. Yo soy el Eterno, y el que no ha sido hecho con manos: Mi pensamiento es inmutable, Mi sabiduría es Mi consejera, y Mi palabra es realidad; y Mis ojos ven todas las cosas; si miro todas las cosas, permanecen firmes. Si aparto Mi rostro, todas necesitan de Mí.

Y ahora presta atención, Enoc, y conoce quién te está hablando, y toma los libros que tú mismo has escrito.

Y te doy a Sariel y Raguel, quienes te trajeron a Mí. Y ve con ellos sobre la Tierra, y dile a tus hijos lo que te he dicho, y lo que has visto desde el Cielo más bajo hasta Mi trono.

Porque he creado todas las huestes y todos los poderes, y no hay ninguno que se oponga a Mí, ni que me desobedezca. Pues todos obedecen mi poder absoluto, y trabajan por y para Mi reino sólo.

Dales las obras escritas por ti, y ellos las leerán y reconocerán que Yo soy el Creador de todo; y entenderán que no hay otro Dios fuera de Mí.

Ellos distribuirán los libros de tu escritura a los hijos de sus hijos, y de generación en generación, y de nación en nación.

Y te daré, Enoc, Mi mensajero, el gran capitán Miguel, para que todos sean obedientes a Mi poder único, y trabajen por tus escritos y por los escritos de tus padres, Adán, Set, Enós, Cainán, Malaleel, y Jared, tu padre.

Y no los exigiré hasta la última edad, porque he instruido a Mis dos ángeles, Ariukh y Pariukh, a quienes he puesto en la Tierra como guardianes.

Y los he dispuesto en el tiempo para que los guarden, para que no se pierda el relato de lo que haré en tu familia en el Diluvio que ha de venir.

Capítulo XXXIV
Dios acusa a los idólatras y a los obradores de iniquidad, como los de Sodoma, y por esta razón les envía el Diluvio

Pues conozco la maldad de los hombres, que no soportarán el yugo que les he puesto, ni sembrarán las semillas que les he dado, antes bien rechazarán Mi yugo y aceptarán otro, y sembrarán semillas vanas y adorarán dioses vanos, y Me negarán como el único Dios.

Y llenarán todo el mundo de maldad e iniquidad, y de impurezas repugnantes entre ellos, de sodomía y todo tipo de prácticas impuras, que es repugnante mencionar.

Y por esta razón traeré un Diluvio sobre la Tierra y destruiré todo, y la Tierra será destruida por completo.

Capítulo XXXV
Dios deja a un solo hombre justo de la familia de Enoc, junto con toda su casa, que agradará a Dios actuando conforme a Su voluntad

Y dejaré a un hombre justo de tu raza, con toda su casa, que actuará conforme a Mi voluntad. De su semilla, después de algún tiempo, será levantada una generación numerosa, pero muchos de ellos serán insaciables.

Entonces, con la extinción de esa familia, les mostraré los libros de tus escritos y de tus padres, y los guardianes de ellos en la Tierra los mostrarán a los hombres que son verdaderos, aquellos que Me complacen, que no toman Mi nombre en vano.

Y ellos se lo deberán contar a otras generaciones, y éstas, habiendo leído tus libros, serán por fin glorificados, más que antes incluso.

Capítulo XXXVI
Dios ordenó a Enoc vivir en la Tierra durante treinta días, para enseñar a sus hijos y a los hijos de sus hijos. Después de los treinta días, fue llevado al Cielo

Y ahora, Enoc, te doy un período de treinta días para trabajar en tu casa. Y dile a tus hijos y toda tu familia que escuchen lo que les dices; que lean y entiendan que no hay otro Dios fuera de Mí, y que siempre guarden Mis mandamientos, y que comiencen a leer y comprender los libros por ti escritos.

Y treinta días después, enviaré a Mis ángeles a por ti, y ellos se te llevarán de la Tierra y de tus hijos, según Mi voluntad.

Capítulo XXXVII
Aquí, Dios convoca a un ángel

Y Dios llamó a uno de Sus ángeles más grandes, terrible y sobrecogedor, y lo colocó junto a mí. Y la apariencia de aquel ángel era como la nieve, y sus manos como el hielo; tenía un aspecto muy frío, y mi rostro estaba congelado, porque no podía soportar el temor del Señor; así como no es posible soportar el fuego ardiente y el calor del Sol, ni la helada del aire.

Y el Señor me dijo: «Enoc, si tu rostro no se enfría aquí, ningún hombre podrá mirar tu rostro».

Capítulo XXXVIII
Matusalén tenía esperanza y esperaba
a su padre Enoc junto a su cama, día y noche

Y el Señor dijo a aquellos hombres que me tomaron primero: «Llevad a Enoc con vosotros a la Tierra, y esperad con él hasta el día señalado».

Y por la noche me colocaron sobre mi lecho, y Matusalén, que esperaba mi regreso día y noche, montaba guardia junto a mi cama.

Y se llenó de temor cuando oyó mi llegada, y le di instrucciones para que viniera toda mi familia, para que pudiera contarles todo.

Capítulo XXXIX
La triste admonición de Enoc a sus hijos, hablándoles con lágrimas y gran dolor

Escuchad, hijos míos, aquello acorde con la voluntad del Señor. Hoy soy enviado a vosotros para contaros de labios del Señor, lo que fue y lo que está sucediendo ahora, y lo que será antes del día del Juicio.

Escuchad, hijos míos, porque no os hablo hoy de mis labios, sino de los labios del Señor que me ha enviado a vosotros. Porque vosotros oís las palabras de mis labios, un hombre mortal como vosotros.

He visto el rostro del Señor, cual hierro que se calienta en el fuego, y cuando se saca, emite chispas y quema.

Mirad mis ojos, pues éstos contienen una marca para vosotros. He visto los ojos del Señor resplandeciendo como un rayo de Sol y aterrorizando a ojos humanos.

Vosotros, hijos míos, veis la mano derecha de un hombre, una como la vuestra, que os asiste. Yo he visto la mano derecha del Señor asistirme y llenando los Cielos.

Vosotros veis el compás de mis acciones, como el vuestro. Yo he visto la forma inmedible y armoniosa del Señor. Para Él no hay fin.

Vosotros, por lo tanto, escucháis las palabras de mis labios, pero yo he oído las palabras del Señor, como un gran trueno que agita continuamente las nubes.

Y ahora, hijos míos, escuchad los discursos de vuestro padre terrenal. Es terrible y horrible estar delante del rostro de un príncipe terrenal, terrible y muy horrible, porque la voluntad del príncipe es muerte y la voluntad del príncipe es vida; ¿cuánto más terrible y horrible es estar ante del rostro del Señor de señores, y de las huestes terrenales y celestiales? ¿Quién puede soportar este terror interminable?

Capítulo XL
Enoc instruye fielmente a sus hijos sobre todas las cosas que escuchó de la boca del Señor; cómo las vio, las oyó y las escribió

Ahora, hijos míos, sé todas las cosas de los labios del Señor; porque mis ojos han visto desde el principio hasta el fin.

Sé todas las cosas y he escrito todas las cosas en los libros, tanto los Cielos como su fin, y su plenitud, y todas las huestes, y he medido sus trayectorias, y he escrito los nombres de las estrellas y su cantidad innumerable.

¿Qué hombre ha visto sus ciclos y sus trayectorias? Ni siquiera los ángeles conocen su número; he escrito los nombres de todas.

Y he medido la órbita del Sol, y he medido sus rayos; y su salida y su puesta, a través de todos los meses, y todos sus cursos, y sus nombres los he escrito.

He medido la órbita de la Luna, y su mengua que ocurre cada día, y los lugares secretos en los que se oculta cada día.

He establecido las cuatro estaciones, y de las estaciones he hecho cuatro círculos, y en los círculos he colocado los años; he colocado los meses, y de los meses he calculado los días, y de los días he calculado las horas.

Además, he descrito todas las cosas que se mueven sobre la Tierra. He descrito todas las cosas que se alimentan, todas las semillas sembradas y no sembradas, que crecen en la Tierra, y todas las cosas que pertenecen al jardín, y cada hierba y cada flor, y su fragancia y sus nombres.

Y las moradas de las nubes, y sus conformaciones y sus alas, cómo traen la lluvia y las gotas de lluvia, he investigado todo.

Y he descrito el curso del trueno y el relámpago, y ellos me han mostrado las llaves, y sus guardianes y el camino por el cual van. Ellos son traídos atados, de forma medida y en grados, y son soltados con sus ligaduras, para que, por su pesado curso y vehemencia, no sobrecarguen las nubes de la ira y destruyan todo en la Tierra.

He descrito los tesoros de la nieve, y los almacenes del granizo, y las brisas frescas. Y he observado al que sostiene las llaves durante la estación, y cómo llena las nubes con ellas, y aun así no agota sus tesoros.

He descrito los abrigos de los vientos, y he observado y visto cómo aquellos que sostienen sus llaves llevan balanzas y medidas y, en primer lugar, los ponen en una balanza, y en segundo lugar los sueltan moderadamente, con cuidado sobre toda la Tierra, para que con su respiración pesada no sacudan toda la Tierra.

Pues he medido toda la Tierra, sus montañas y todos sus montes, campos, árboles, piedras, ríos; he escrito todas las cosas que existen, la altura desde la Tierra hasta el séptimo Cielo, y hasta el infierno más bajo, el lugar del juicio y el poderoso infierno abierto, y lleno de lamento. Y he visto cómo los prisioneros sufren, esperando el juicio inconmensurable. Y he escrito todo lo que están siendo juzgados por el juez, y todo el juicio que reciben, y todas sus obras.

Capítulo XLI
De cómo Enoc lloró por los pecados de Adán

Y he visto a todos nuestros antepasados desde el principio con Adán y Noé, y he suspirado y llorado, y he hablado de la ruina [*causada*] por su maldad. ¡Ay de mí por mi debilidad, y por la de mis padres!

Y he meditado en mi corazón y he dicho: «¡Bendito el hombre que no nació, o, habiendo nacido, nunca ha pecado ante la presencia del Señor, para que no tenga que venir a este lugar, llevar el yugo de este lugar!».

Capítulo XLII

De cómo Enoc vio a los que guardan las llaves y a los guardianes de las puertas del Hades de pie junto a ellas

He visto a aquellos que guardan las llaves, y son los guardianes de las puertas del infierno, de pie, como grandes serpientes y sus rostros eran como lámparas apagadas, y sus ojos eran ardientes, y sus dientes eran afilados.

Y dije ante sus rostros: «¡Ojalá no os hubiera visto, ni oído hablar de vuestras obras, y que los de mi linaje jamás hubieran venido a vosotros! Ahora, apenas han pecado un poco en esta vida, y sin embargo sufren eternamente en la vida venidera».

Salí hacia el este, al Paraíso de Edén, donde se ha preparado el descanso para los justos, y está abierto al tercer Cielo, y cerrado a este mundo.

Y se han colocado guardianes en las grandes puertas del este del Sol, es decir, ángeles ardientes, cantando canciones triunfantes, que nunca cesan de regocijarse en la presencia de los justos.

En la última venida, conducirán a Adán con nuestros antepasados y los llevarán allí, para que puedan regocijarse, así como un hombre llama a aquellos a quienes ama para que festejen con él; y ellos, habiendo llegado alegres, conversan ante la morada de aquel hombre, esperando su festín, el deleite y la riqueza inconmensurable, y la alegría y el gozo en el Cielo, y la vida eterna.

Os digo, hijos míos: bendito es el que teme el nombre del Señor, y sirve continuamente ante Su rostro, y trae sus ofrendas con temor continuamente en esta vida, y vive toda su vida de forma justa, y así muere.

Bendito es el que ejecuta un juicio justo, no por la recompensa, sino por la justicia, es decir, no esperando nada a cambio: un juicio sincero vendrá después a él.

Bendito es el que viste al desnudo con una prenda, y da su pan al hambriento.

Bendito es el que emite un juicio justo para el huérfano y la viuda, y ayuda a todos los que son agraviados.

Bendito es el que se aparta del camino inestable de este mundo vano, y sigue el camino recto que lleva a la vida eterna.

Bendito es el que siembra semilla justa, pues cosechará el doble.

Bendito es el que tiene la verdad, para que pueda hablar la verdad a su prójimo.

Bendito es el que tiene amor en sus labios, y ternura en su corazón.

Bendito es el que entiende cada obra del Señor, y glorifica al Señor Dios; porque las obras del Señor son justas, y de las obras del hombre algunas son buenas, y otras malas, y por sus obras son conocidos aquellos que las han hecho.

Capítulo XLIII
Enoc muestra a sus hijos cómo midió y escribió los juicios de Dios

¡He aquí, hijos míos! Las cosas que he aprendido en la Tierra y sobre las que he meditado del Señor Dios las he reunido en un relato completo. He escrito todo lo relacionado con los años; he calculado cada hora, he registrado tanto el invierno como el verano. He medido las horas y las he anotado en listas, y he comprendido todas sus diferencias.

Así como un año es más honorable que otro, así también un hombre es más honorable que otro. Un hombre por sus muchas posesiones, aquel otro hombre por su sabiduría del corazón; este hombre por su entendimiento, otro por su astucia; este hombre por el silencio de sus labios; este hombre por su pureza, aquél por su fuerza; este hombre por su belleza, otro por su juventud; este hombre por la agudeza de su mente, otro por la agudeza de su cuerpo, y otro por la percepción de muchas cosas.

Que se oiga en todas partes; no hay nadie más honorable que el que teme a Dios. Él será el más glorioso por siempre.

Capítulo XLIV

Enoc instruye a sus hijos para que no insulten a las personas, sean grandes o pequeñas

Dios hizo al hombre con Sus propias manos, a la imagen de Su semblante, tanto al pequeño como al grande, el Señor lo creó. El que deshonra el semblante del hombre, deshonra el semblante del Señor.

El que muestra ira contra otro sin motivo, la gran ira del Señor lo consumirá.

Si un hombre escupe en la cara de otro a modo de insulto, será consumido en el Gran Juicio del Señor.

Bendito es el hombre que no dirige su corazón con malicia contra ningún hombre, y que asiste al que ha sido injuriado, y al que está bajo juicio, y levanta al oprimido, y cumple la oración de quien pide.

Porque en el día del Gran Juicio, cada medida y estándar y peso —es decir, todo lo que se utiliza en el comercio, aquello que cuelga de la balanza y sirve para el truque— conoce su propia medida, y recibirá su recompensa según su medida.

Capítulo XLV
Dios muestra que no desea sacrificios de los hombres ni holocaustos, sino corazones puros y contritos

Aquel que apresura y trae su ofrenda ante el rostro del Señor, el Señor también se apresurará a cumplir Su obra, y ejecutará un juicio justo para él.

Aquel que hace crecer su lámpara ante el rostro del Señor, el Señor multiplicará grandemente su tesoro en el reino celestial.

Dios no requiere pan, ni luz, ni un animal, ni ningún otro sacrificio, porque es como si no hicieran nada.

Pero Dios requiere un corazón puro, y a través de todo esto, prueba el corazón del hombre.

Capítulo XLVI

De cómo un príncipe terrenal no aceptará regalos despreciables e impuros de un hombre. ¡Cuánto más odia Dios los regalos impuros, los rechaza con ira y no acepta ofrendas de ese tipo!

Escuchad, mi pueblo, y prestad atención a las palabras de mis labios. Si alguien lleva regalos a un príncipe terrenal, pero con infidelidad en su corazón, y el príncipe lo sabe, ¿no se enojará con él por eso, y así no tomará sus regalos y lo condenará?

O si un hombre adula a otro con su lengua, pero planea el mal contra él en su corazón, ¿no entenderá el otro la astucia de su corazón, y él mismo será condenado, de modo que su injusticia será evidente para todos?

Pero cuando Dios envíe una gran luz, mediante la cual habrá juicio para los justos y los injustos, nada quedará oculto.

Capítulo XLVII

Enoc instruye a sus hijos con las palabras de Dios y les entrega los manuscritos de este libro

Ahora, hijos míos, poned mis pensamientos en vuestros corazones; prestad atención a las palabras de vuestro padre, que han llegado a vosotros desde la boca del Señor.

Tomad estos libros de los escritos de vuestro padre y leedlos, y en ellos aprenderéis todas las obras del Señor. Han existido muchos libros desde el principio de la creación, y los habrá hasta el fin del mundo, pero ninguno igualará a mis escritos.

Pero si preserváis mis escritos, no pecaréis contra Dios. Porque no hay otro fuera del Señor, ni en el Cielo, ni en la Tierra, ni en las profundidades, ni en los cimientos solitarios.

Dios estableció los cimientos sobre cosas desconocidas, y extendió los Cielos visibles e invisibles, y afirmó la tierra sobre las aguas, y estableció las aguas sobre cosas no fijas. ¿Quién ha creado todas las innumerables obras de la creación?

¿Quién ha contado el polvo de la Tierra, la arena del mar, las gotas de lluvia, el rocío de la mañana, y el aliento del viento? ¿Quién ha atado la tierra y el mar con ligaduras que no pueden ser rotas, y ha cortado las estrellas del fuego, y embellecido los Cielos, y ha colocado el Sol en medio de ellos?

Capítulo XLVIII
Del curso del Sol a lo largo de los siete círculos

El Sol recorre los siete círculos de los Cielos, y le di ciento ochenta y dos tronos cuando sigue un día corto, y también ciento ochenta y dos tronos cuando sigue un día largo.

Y tiene dos grandes tronos en los que descansa, regresando de aquí para allá sobre los tronos mensuales. Desde el mes de Siván, después de diecisiete días, desciende al mes de Tevet, y desde el decimoséptimo día de Tevet asciende.

Así el Sol recorre todos los cursos del Cielo; cuando está cerca de la tierra, la ierra se alegra y produce sus frutos; cuando se aleja, la Tierra está triste, y los árboles y los frutos no se desarrollan.

Todo esto, por medida y minuciosa disposición del tiempo, Él lo ha arreglado con Su sabiduría, haciendo todas las cosas visibles a partir de lo invisible.

Así os digo, hijos míos, haced llegar los libros a vuestros hijos, a todas vuestras familias y por entre las naciones.

Que aquellos que sean sabios teman a Dios, y que reciban los libros y los amen más que cualquier tipo de alimento, y así los lean.

Pero aquellos que sean insensatos y no piensen en el Señor y no teman a Dios, no los recibirán, antes bien se apartarán de ellos, y el juicio terrible les esperará.

Bendito es el hombre que lleva su yugo y así lo carga, porque será liberado en el día del Gran Juicio.

Capítulo XLIX

Enoc instruye a sus hijos a no jurar ni por los Cielos ni por la Tierra; y les muestra la promesa de Dios para un hombre, incluso en el vientre de su madre

Porque os juro, hijos míos, que no juraré por ningún juramento, ni por el Cielo, ni por la Tierra, ni por ninguna otra criatura que Dios haya hecho. Dios dijo: «No hay juramento en mí, ni injusticia, sino verdad. Si no hay verdad en los hombres, que por lo menos su palabra les comprometa: si dicen sí, que sea sí; si dicen no, que sea no».

Pero os juro, sí, sí, que no ha habido ni una sola alma, ni un hombre en el vientre de su madre, para quien no se haya preparado un lugar, y una medida está fijada para cuánto tiempo será probado un hombre en este mundo.

¡Oh, hijos míos, no os engañéis! Hay un lugar preparado allí para cada alma de hombre.

Capítulo L
Nadie nacido en la Tierra puede ocultarse,
ni sus acciones permanecen en secreto.
[Dios] manda que esté en la Tierra por poco tiempo, que
soporte la tentación y las adversidades,
y que no haga daño a la viuda ni al huérfano

He registrado en los escritos las acciones de cada hombre, y nadie nacido en la Tierra puede ocultarse, ni sus obras pueden ser ocultadas; yo veo todo.

Ahora, por lo tanto, hijos míos, con paciencia y mansedumbre completad el número de vuestros días, y heredaréis la vida eterna que está por venir.

Cada herida, cada aflicción, toda palabra mala y todo ataque, soporto todo por amor a Dios.

Y cuando podáis vengaros, no os venguéis, ni de vuestros vecinos ni de vuestros enemigos.

Porque Dios os lo devolverá, en calidad de vuestros vengadores, en el día del Gran Juicio. No os corresponde a vosotros tomar en vuestras manos la venganza.

Quien entre vosotros gaste oro o plata por el bien de un hermano, recibirá un abundante tesoro en el día del Juicio. Extended vuestras manos al huérfano, a la viuda y al extranjero.

Capítulo LI

Enoc instruye a sus hijos a no esconder sus tesoros en la Tierra, sino a dar limosna a los necesitados

Extiende tus manos al hombre pobre en la medida de tus posibilidades.

No escondas tu plata en la Tierra; ayuda al hombre honesto en su aflicción, y no te vendrá aflicción durante el tiempo que dure tu labor.

Y cualquier yugo violento y grave que te sea puesto, soporta todo por el bien del Señor, y así recibirás tu recompensa en el día del Juicio.

Por la mañana, la tarde y la noche, es bueno entrar en la casa del Señor para glorificar al Creador de todos.

Por lo tanto, que toda criatura que tenga aliento glorifique a Él, y que toda criatura visible e invisible alabe al Señor.

Capítulo LII

Dios instruye a sus siervos fieles sobre cómo deben alabar su nombre

Bendito es el hombre que abre sus labios para alabar al Dios de los ejércitos y alaba al Señor con su corazón.

Maldito sea todo hombre que abre sus labios para abusar y calumniar a su vecino.

Bendito es el que abre sus labios para la bendición y alabanza de Dios.

Maldito sea el que abre sus labios para juramentos y blasfemias ante el Señor todos sus días.

Bendito es el que bendice todas las obras del Señor.

Maldito es el que habla mal de las obras del Señor.

Bendito es el que procura levantar su propia mano para trabajar.

Maldito es el que procura aprovecharse del trabajo de otro.

Bendito es el que preserva los fundamentos de sus padres desde el principio.

Maldito es el que rompe las leyes de sus padres.

Bendito es el que establece paz y amor.

Maldito es el que perturba a aquellos que están en paz.

Bendito es el que no habla de paz con su lengua, pero que tiene paz en su corazón.

Maldito es el que habla de paz con su lengua, pero que no tiene paz en su corazón.

Porque todas estas cosas, en medidas y en libros, serán reveladas en el día del Gran Juicio.

Capítulo LIII

No digamos que nuestro padre está con Dios
y que abogará por nosotros en el día del Juicio.
Porque sé que un padre no puede ayudar a su hijo,
ni un hijo a su padre

Y ahora, hijos míos, no digáis: «Nuestro padre está con Dios y ora por nosotros [*para que seamos liberados*] del pecado»; porque no hay nadie allí que pueda ayudar a ningún hombre que haya pecado.

Veis cómo he escrito todas las obras de cada hombre antes de su creación, pues esto se hace para todos los hombres, y para todos los tiempos.

Y ningún hombre puede decir o desdecir lo que he escrito con mi mano. Porque Dios ve todas las cosas, incluso los pensamientos de los hombres malvados, que yacen en los almacenes del corazón.

Y ahora, hijos míos, prestad atención a todas las palabras de vuestro padre, que yo os digo, para que no os lamentéis después y digáis: «Nuestro padre por alguna razón nunca nos las dijo en el tiempo de esta locura».

Capítulo LIV
Enoc amonesta a sus hijos para que entreguen los libros a otros

Que estos libros que os he dado sean la herencia de vuestra paz: no los ocultéis. Antes bien, dadlos a todos los que los deseen y amonestadlos para que conozcan las obras del Señor, que son maravillosas.

Capítulo LV
Aquí Enoc hace una declaración a sus hijos y les habla entre lágrimas

Hijos míos, el día y la hora señalados han llegado y me obligan a partir. Los ángeles vendrán y se presentarán ante mí en la Tierra, esperando lo que se les ha ordenado.

Por la mañana iré a los Cielos más altos, a mi morada eterna.

Por lo tanto, os digo que hagan todo lo que es bueno ante la presencia del Señor.

Capítulo LVI
Matusalén pide una bendición a su padre para que le dé pan para comer

Matusalén respondió a su padre Enoc y dijo: «Si te parece bien, padre mío, déjame ponerte comida delante de tu rostro, y luego, habiendo bendecido nuestras casas y tus hijos, y toda tu familia, que tu pueblo sea glorificado por ti; y luego partirás, como Dios ha dicho».

Enoc respondió a su hijo Matusalén y dijo: «Escucha, hijo mío, desde que Dios me ungió con el aceite de su gloria, no ha habido otra comida en mí, y mi alma no recuerda placer o deseo terrenal alguno».

Capítulo LVII
Enoc ordena a su hijo Matusalén que llame a todos sus hermanos

«Pero llama a todos tus hermanos, y a todas sus familias, y a los ancianos del pueblo, para que pueda hablarles y partir como se ha dispuesto para mí».

Y Matusalén se apresuró y llamó a sus hermanos, Regim, Riman, Ukhan, Khermion, Gaidal, y a los ancianos del pueblo, y los trajo a todos ante el rostro de su padre Enoc. Y habiéndolos bendecido, les habló.

Capítulo LVIII
La instrucción de Enoc a sus hijos

«Escuchadme, hijos míos. En aquellos días, el Señor vino a la Tierra por causa de Adán, y visitó toda su creación, la cual Él mismo había hecho.

»El Señor llamó entonces a todos los animales de la Tierra y todas las criaturas reptantes y todas las aves que vuelan en el aire, y las trajo todas ante el rostro de nuestro padre Adán, y él les dio nombres a todos los seres vivientes en la Tierra.

»Y el Señor lo hizo señor sobre todo, y puso todas las cosas en sus manos, y las sometió a su dominio y a toda obediencia hacia el hombre.

»Así que el Señor creó al hombre como maestro sobre todas sus posesiones. Pero el Señor no juzgará el alma de una bestia a causa del hombre, sino que juzgará el alma del hombre a causa de las almas de las bestias en el mundo venidero.

»Pues así como hay un lugar especial para la humanidad, para todas las almas de los hombres según su número, también lo hay para las bestias. Y no perecerá alma alguna que Dios ha creado hasta el Gran Juicio.

»Y toda alma de bestia presentará una acusación contra el hombre si las alimenta mal».

Capítulo LIX
Enoc enseña a todos sus hijos por qué no deben tocar la carne de ganado, debido a lo que proviene de ella

El que actúa sin ley respecto a las almas de las bestias, actúa sin ley respecto a su propia alma.

Porque un hombre ofrece animales limpios en sacrificio para preservar su alma. Y si ofrece como sacrificio bestias y aves limpias, preserva su alma.

Todo lo que se te da como alimento, átalo por las cuatro patas: eso es una expiación; y así actúas con rectitud y preservas tu alma.

Pero el que mata a una bestia sin herida mata su propia alma y peca contra su propia carne.

Y si alguien causa daño a un animal en secreto, es una costumbre maligna y peca contra su alma.

Capítulo LX
Cómo no debemos matar a un hombre, ni con arma ni con la lengua

El que hace daño al alma de un hombre, hace daño a su propia alma; y no hay salvación para su carne, ni perdón para siempre.

El que mata el alma de un hombre, mata su propia alma y destruye su propio cuerpo, y no hay salvación para él para siempre.

El que prepara una trampa para otro hombre caerá en ella él mismo, y no habrá salvación para él para siempre.

El que prepara un arma contra un hombre, no escapará del castigo en el Gran Juicio para siempre.

Si un hombre actúa retorcidamente o habla mal contra cualquier alma, no tendrá justicia para sí mismo para siempre.

Capítulo LXI
Enoc amonesta a sus hijos a preservarse de la injusticia y a ofrecer ayuda frecuentemente a los pobres, y darles algo de sus trabajos

Ahora, pues, hijos míos, preservad vuestros corazones de toda injusticia que el Señor odia. Así como un hombre pide su alma a Dios, así debe hacer con toda alma viviente.

Pues en el mundo venidero, bien sé que hay muchas mansiones preparadas para los hombres; buenas para los buenos; malas para los malos; muchas e infinitas.

Benditos aquellos que irán a las mansiones de los benditos, porque en las malas no hay descanso ni medio de retorno.

Escuchad, hijos míos, tanto pequeños como grandes: cuando un hombre concibe un buen pensamiento en su corazón y trae ofrendas ante el Señor, si sus manos no las han trabajado, entonces el Señor aparta Su rostro del trabajo de sus manos, y así él no puede obtener ventaja del trabajo de sus manos.

Y si sus manos han trabajado, pero su corazón protesta y no hace una ofrenda sincera, desde su corazón, sino que se queja continuamente, tampoco tendrá éxito.

Capítulo LXII
Cómo es apropiado llevar las ofrendas con fe,
y cómo no hay arrepentimiento después de la muerte

Bendito el hombre que con paciencia trae sus ofrendas ante el rostro del Señor, porque evitará la recompensa de su pecado.

Si habla fuera de tiempo, no habrá arrepentimiento para él; si deja pasar el tiempo señalado y no realiza la obra, no será bendecido; porque no hay arrepentimiento después de la muerte.

Porque toda acción que un hombre hace fuera de tiempo es una ofensa ante los hombres y un pecado ante Dios.

Capítulo LXIII
Cómo uno no debe despreciar a los humildes, sino darles verdaderamente, para que no sea maldecido ante Dios

Cuando un hombre viste al desnudo y alimenta al hambriento, recibe una recompensa de Dios.

Si su corazón se resiste mientras lo hace, obra para sí mismo un doble mal: destruye lo que da, y no tendrá recompensa por ello.

Y el pobre, si cuando su corazón está satisfecho o su carne está vestida actúa con desdén, destruye el efecto de toda su resiliencia en la pobreza y no obtendrá la bendición de una recompensa.

Porque el Señor odia a todo hombre desdeñoso y altanero de palabra, y asimismo a toda palabra mentirosa y todo lo que está cubierto de injusticia. Y será cortado con el filo de una espada mortal, y arrojado al fuego, y arderá para siempre.

Capítulo LXIV
Cómo el Señor llama a Enoc: el pueblo toma consejo para ir a besarlo en el lugar llamado Achuzán

Cuando Enoc dijo estas palabras a sus hijos y a los príncipes del pueblo, todo el pueblo, tanto de lejos como de cerca, escuchó cómo el Señor llamó a Enoc. Y se reunieron en consejo, y todos dijeron: «¡Vayamos y besemos a Enoc!».

Y los hombres, que eran hasta dos mil, se reunieron, y llegaron a Achuzán, donde estaban Enoc y sus hijos.

Y los ancianos del pueblo se juntaron, hicieron una reverencia y besaron a Enoc, y le dijeron: «Enoc, padre nuestro; ¡sé bendecido por el Señor, el Rey Eterno!

»Y ahora bendice a tus hijos y a todo el pueblo, para que hoy seamos glorificados ante ti.

»Porque tú eres glorificado ante el rostro del Señor para siempre; ya que Dios te ha elegido por encima de todos los hombres sobre la Tierra, y te ha designado como el escriba de Su creación de cosas visibles e invisibles, y vengador de los pecados de los hombres, y un auxilio para tu familia». Y Enoc respondió a todo su pueblo con las siguientes palabras:

Capítulo LXV
De la exhortación de Enoc a sus hijos

«Escuchad, hijos míos: antes de que existiera cualquier cosa y todas las criaturas fueran hechas, el Señor hizo todas las cosas, tanto visibles como invisibles.

»Cuando los tiempos de estas cosas llegaron y pasaron, entended que después de todas estas cosas Él hizo al hombre a Su imagen y semejanza, y puso en él ojos para ver, oídos para oír, un corazón para entender y razón para tomar consejo.

»Y el Señor contempló el mundo por causa del hombre, e hizo toda la creación por su causa, y la dividió en tiempos. Y de los tiempos hizo años, y de los años hizo meses, y de los meses hizo días, y de los días hizo siete.

»Y en estos hizo las horas y las dividió en pequeñas porciones, para que el hombre comprendiera las estaciones, y computara años y meses, y horas; sus alternancias y comienzos y fines; y para que computara su vida desde el principio hasta la muerte, y meditara sobre su pecado, y escribiera sus malas y buenas acciones.

»Porque nada hecho está oculto ante el Señor. Que cada hombre conozca sus obras, y no transgreda los mandamientos, y que guarde Mis escritos de generación en generación.

»Cuando toda la creación de cosas visibles e invisibles llegue a su fin, el cual el Señor ha hecho, todo hombre llegará al Gran Juicio del Señor.

»Entonces los tiempos perecerán, y no habrá año, ni mes, ni día, y no habrá horas ni serán contadas.

»Habrá una eternidad, y todos los justos que escapen del Gran Juicio del Señor serán reunidos en vida eterna. Por siempre y para siempre los justos se reunirán y serán eternos.

»Además, no habrá trabajo, ni enfermedad, ni tristeza, ni ansiedad, ni necesidad, ni noche, ni oscuridad, sino una gran luz.

»Y habrá para ellos un gran muro que no podrá ser derribado; y el Paraíso brillante e incorruptible será su protección, y su morada eterna. Porque todas las cosas corruptibles desaparecerán, y habrá vida eterna».

Capítulo LXVI

Enoc instruye a sus hijos y a todos los ancianos del pueblo: cómo con temor y temblor deben caminar ante el Señor, servirle sólo a Él, y no adorar ídolos; porque Dios hizo el Cielo y la Tierra y cada criatura y su forma

«Y ahora, hijos míos, preservad vuestras almas de toda injusticia, la cual el Señor odia. Caminad ante Su rostro con temor y temblor, y servidle sólo a Él. Adorad al verdadero Dios, y no a ídolos mudos.

»Pero prestad atención a Su mandamiento, y traed toda ofrenda justa ante el rostro del Señor. Porque el Señor odia lo que es injusto.

»Porque el Señor ve todo; lo que el hombre medita en su corazón, el consejo que planea, y cada pensamiento está continuamente ante el Señor.

»Si miráis al Cielo, allí está el Señor, pues el Señor hizo los Cielos. Si miráis a la Tierra, el Señor está allí, pues el Señor hizo firme la Tierra y estableció cada criatura en ella. Si examináis las profundidades del mar, y todo lo que hay bajo la Tierra, allí también está el Señor. Porque el Señor creó todas las cosas.

»No os inclinéis ante la obra de los hombres, ni ante la obra de un señor, dejando a un lado al Señor de toda la creación; porque ninguna obra está oculta ante el rostro del Señor.

»Caminad, hijos míos, con paciencia, con humildad, a pesar de la calumnia y el insulto; en fe y verdad; en las promesas, en la enfermedad, en el abuso, en las heridas, en la tentación, en la desnudez, en la privación, amándoos los unos a los otros, hasta que partáis de este mundo de enfermedad. Entonces seréis herederos de la eternidad.

»¡Benditos sean los justos, que escaparán del Gran Juicio! Y serán siete veces más brillantes que el Sol, porque en esta era toda la séptima parte está separada.

»[*Ahora, en cuanto a*] la luz, la oscuridad, la comida, las dulzuras, las amarguras, el Paraíso, los tormentos, los fuegos, las heladas y otras cosas: he puesto todo esto por escrito, para que lo leáis y lo entendáis».

Capítulo LXVII
El Señor envió oscuridad sobre la Tierra, cubrió a las personas y a Enoc; y fue llevado a lo alto; y hubo luz en los Cielos

Cuando Enoc habló con el pueblo, el Señor envió oscuridad sobre la Tierra, y se hizo una penumbra, y escondió a los hombres que estaban con Enoc.

Y los ángeles se apresuraron y tomaron a Enoc y lo llevaron al Cielo más alto, donde el Señor lo recibió y lo puso ante Su rostro, y la oscuridad se apartó de la Tierra, y hubo luz.

Y la gente vio y no entendió cómo Enoc fue llevado, y glorificaron a Dios. Y aquellos que vieron tales cosas regresaron a sus casas.

Capítulo LXVIII

Enoc nació el sexto día del mes de Siván; vivió trescientos sesenta y cinco años. Fue llevado al Cielo el primer día del mes de Siván, y estuvo en el Cielo sesenta días.

Escribió las descripciones de toda la creación que el Señor había hecho, y escribió trescientos sesenta y seis libros, y los dio a sus hijos.

Y estuvo en la Tierra treinta días, y así fue llevado al Cielo en el mismo mes de Siván, el sexto día; el mismo día en que nació, y a la misma hora.

Así como cada hombre tiene una existencia oscura en esta vida, así también es su comienzo y nacimiento, y su partida de esta vida. En la misma hora en que comenzó, nació, y en esa misma hora partirá.

Y Matusalén se apresuró, y también todos sus hermanos, los hijos de Enoc, y construyeron un altar en el lugar llamado Achuzán, de donde y cuando Enoc fue llevado al Cielo.

Y tomaron ganado, invitaron a todo el pueblo y sacrificaron víctimas ante el rostro del Señor.

Todo el pueblo vino, y los ancianos del pueblo; toda la multitud de ellos a la festividad, y trajeron sus ofrendas a los hijos de Enoc, e hicieron una gran festividad, regocijándose y alegrándose durante tres días, y alabando a Dios que había dado tal señal por medio de Enoc, quien había encontrado favor ante Él. Y deberían transmitirlo a los hijos de sus hijos, de generación en generación, para siempre.

Amén.

Índice